CARTA DE PAULO AOS ROMANOS

EDITORA EME

Solicite nosso catálogo completo, com mais de 400 títulos, onde você encontra as melhores opções do bom livro espírita: literatura infantojuvenil, contos, obras biográficas e de autoajuda, mensagens espirituais, romances, estudos doutrinários, obras básicas de Allan Kardec, e mais os esclarecedores cursos e estudos para aplicação no centro espírita - iniciação, mediunidade, reuniões mediúnicas, oratória, desobsessão, fluidos e passes.

E caso não encontre os nossos livros na livraria de sua preferência, solicite o endereço de nosso distribuidor mais próximo de você.

Edição e distribuição

EDITORA EME
Av. Brigadeiro Faria Lima, 1080 - Vila Fátima
CEP 13360-000 - Capivari-SP
Telefones: (19) 3491-7000 | 3491-5449
Vivo (19) 9 9983-2575 | Claro (19) 9 9317-2800
vendas@editoraeme.com.br - www.editoraeme.com.br

DONIZETE PINHEIRO

CARTA DE PAULO AOS ROMANOS

Uma leitura espírita da carta do Apóstolo Paulo

Capivari-SP

A Editora EME mantém o Centro Espírita "Mensagem de Esperança" e patrocina, junto com outras empresas, instituições de atendimento social de Capivari-SP.

2ª reimpressão - fevereiro/2022 - de 3.001 a 4.000 exemplares

CAPA | Victor Benatti
DIAGRAMAÇÃO E PROJETO GRÁFICO | Joyce Ferreira
REVISÃO | Daniel Rodrigues de Camargo

Ficha catalográfica

Pinheiro, Donizete, 1956
Carta de Paulo aos romanos / Donizete Pinheiro - 2ª reimp. fev. 2022 - Capivari-SP: Editora EME.

1ª ed. set. 2021

192 p.

ISBN 978-65-5543-059-2

1. Espiritismo. 2. O apóstolo Paulo. 3. Cartas de Paulo.
4. Interpretação das cartas de Paulo.
I. TÍTULO.

CDD 133.9

SUMÁRIO

Apresentação 7

Contexto da epístola 11

Síntese da epístola 15

Romanos 1 17

Romanos 2 33

Romanos 3 45

Romanos 4 57

Romanos 5 65

Romanos 6 75

Romanos 7 85

Romanos 8 95

Romanos 9 109
Romanos 10 115
Romanos 11 123
Romanos 12 135
Romanos 13 149
Romanos 14 159
Romanos 15 175
Romanos 16 187

APRESENTAÇÃO

ENTENDO NECESSÁRIO INFORMAR A você sobre os motivos que levaram o apóstolo dos gentios a escrever suas cartas aos variados grupos cristãos da época, cartas essas que até hoje são úteis – e serão sempre – a todos que desejam o autoaprimoramento.

É Emmanuel, o conhecido e admirável mentor do médium Francisco Cândido Xavier, quem nos fala a esse respeito na sua obra mediúnica *Paulo e Estêvão*.

Conta ele que Paulo estava angustiado por não poder atender aos insistentes pedidos de socorro que lhe faziam os irmãos das variadas igrejas que havia fundado nas suas viagens de divulgação da Boa Nova. Certo dia, após fervorosa oração, Paulo tem a nítida impressão de que recebia a visita do Senhor, que lhe falou:

> – Não te atormentes com as necessidades do serviço. É natural que não possas assistir pessoalmente a todos, ao mesmo tempo. Mas é possível a todos satisfazeres, simultaneamente, pelos poderes do espírito.
>
> ...
>
> – Poderás resolver o problema escrevendo a todos os irmãos em meu nome; os de boa vontade saberão compreender, porque o valor da tarefa não está na presença pessoal do missionário, mas no conteúdo espiritual do seu verbo, da sua exemplificação e da sua vida. Doravante, Estêvão permanecerá mais conchegado a ti, transmitindo-te meus pensamentos, e o trabalho de evangelização poderá ampliar-se em benefício dos sofrimentos e das necessidades do mundo.

Em breve, sob a inspiração do mártir Estêvão, o apóstolo daria início a esse movimento de cartas, que foram logo copiadas, estudadas e sentidas em toda parte.

Diz Emmanuel que o próprio Simão Pedro, recebendo as primeiras cópias, em Jerusalém, reuniu a comunidade e, lendo-as, comovido, declarou que as cartas do convertido de Damasco deviam ser interpretadas como cartas do Cristo aos discípulos e seguidores, afirmando, ainda, que elas assinalavam um novo período luminoso na história do Evangelho.

Assim, depois das primeiras anotações do Evangelho feitas por Mateus – nas quais o próprio Paulo colheu os ensinamentos do Mestre – as suas cartas constituíram rico manancial de lições morais e espirituais que vertiam do Alto para a humanidade.

É por isso que nós, estudantes do espiritismo, devemos também nos interessar em entender o pensamento de Paulo, enriquecendo as nossas almas com seus sábios e inspirados ensinamentos, com o que muito seremos beneficiados.

O benfeitor Emmanuel, por mim considerado o mais completo e profundo intérprete do Novo Testamento, já nos ofereceu suas aulas pelas mãos abençoadas de Chico Xavier e que foram reunidas na coleção *Fonte Viva*.

A epístola aos Romanos é considerada uma das mais importantes do cristianismo e bem apreciada pelos muitos lidadores do Novo Testamento, que fizeram as suas análises abordando diferentes aspectos, conforme suas convicções e bagagens religiosas, históricas, filosóficas ou psicológicas.

Este livro é o resultado do meu pequeno esforço mental e que desejo compartilhar com a bondade de quem o ler. São reflexões sobre a carta aos romanos, à luz dos meus conhecimentos espíritas e, com certeza, inspiração dos amigos espirituais.

Na leitura das cartas de Paulo, deveremos considerar que ele foi criado e educado no judaísmo, num contexto, cultura, línguas e costumes dum tempo que vai longe e certamente influenciou o apóstolo ao grafar nos pergaminhos os ensinamentos que lhe eram inspirados por Estêvão.

Por não ser um estudioso do Antigo Testamento, ao qual Paulo muitas vezes se reporta, admito que tive muita dificuldade para entender o conteúdo de vários versículos – também por conta da maneira como foram redigidos –, mas procurei extrair o sentido espiritual, a lição de vida que possa ser importante na atualidade e nos ajudar a ser espíritos melhores. Para o estudo, utilizei-me da tradução feita por João Ferreira de Almeida (revista e corrigida).

Meu desejo é que estas reflexões sejam úteis a você que me honra com a sua leitura.

O autor

CONTEXTO DA EPÍSTOLA

DEPOIS DE PERMANECER ALGUM tempo em Éfeso, Paulo segue para Corinto e é ali que vai escrever a epístola aos romanos. Emmanuel não indica precisamente o ano em que a carta foi escrita, mas levando em conta outras referências é possível calcular que deve ter sido entre os anos 55 a 58, uma vez que em 61 Paulo já estava preso em Roma. Esse período aproximado coincide com o indicado por historiadores.

Diz Emmanuel, também no livro *Paulo e Estêvão* - a nossa referência espiritual confiável - que Paulo, durante a viagem até Corinto, comentou do seu projeto de ir a Roma levar a mensagem do Cristo. Em Corinto, enquanto desdobrava o plano, coordenando as ideias, pensou em preparar a sua chegada com uma carta, "na qual recapitulasse a doutrina consoladora do Evangelho e nomeasse, com saudações afetuosas, todos os irmãos do seu conhecimento no ambiente romano.

Para esse fim, Paulo empregou alguns dias na redação do célebre documento, concluindo-o com uma carga de saudações particulares e extensas, que foi encaminhada pelas mãos da irmã Febe, grande cooperadora do Apóstolo dos gentios no porto de Cencreia.

O desejo de Paulo de ir a Roma, porém, não pôde ser realizado de pronto, uma vez que uma carta de Tiago Menor solicitava sua presença em Jerusalém, onde havia crescido as perseguições contra os cristãos. Paulo atende o pedido e em Jerusalém é preso, ferido e condenado à morte, mas vale-se da sua condição de cidadão romano e recorre ao Imperador. Na prisão, enquanto aguarda a sua transferência, reflete sobre suas condições pessoais e os questionamentos dos amigos sobre a viagem a Roma, quando recebe uma visita espiritual, conforme narra Emmanuel:

> Mas, caindo numa espécie de modorra, percebeu, como de outras vezes, que uma viva claridade inundava o cubículo, ao mesmo tempo que suavíssima voz lhe sussurrava:
>
> — Regozija-te pelas dores que resgatam e iluminam a consciência! Ainda que os sofrimentos se multipliquem, renova os júbilos divinos da esperança!... Guarda o teu bom ânimo, porque assim como testificaste de mim, em Jerusalém, importa que o faças também em Roma!...

A caminho de Roma, a escolta de Paulo para na cidade de Pouzzoles e ali ele tem notícias apresentadas pelo cristão Flácus, o qual lhe informa que as suas cartas eram tema de meditação e estudo em todos os lares cristãos e lhe apresenta uma cópia da epístola aos romanos, guardada pelos confrades com especial carinho.

Em Roma, o movimento cristão era formado por judeus e gentios convertidos, dentre estes muitos romanos. Não se sabe ao certo em que ano começaram as primeiras reuniões dos cristãos na capital romana, mas Emmanuel, no seu romance *Há dois mil anos*, informa que o senador Públio Lentulus retornou com a família para Roma no ano 47 e que logo Lívia e a serva Ana passaram a frequentar as catacumbas.

Em Roma não havia uma igreja estabelecida e os cristãos se reuniam para o estudo do Evangelho em catacumbas, às escondidas, porque o Império só permitia as atividades das organizações funerárias, considerando um perigo às suas tradições e aos poderes de César qualquer agremiação ou grupo partidário, e o cristianismo ali se apresentava com suas ideias renovadoras de liberdade e igualdade. Nessas reuniões, apóstolos da Palestina compareciam trazendo as "prédicas mais edificantes e consoladoras".

Depois de absolvido da acusação, Paulo teve a oportunidade de colaborar nas várias igrejas domésticas e, por sua vez, também de pregar nas catacumbas.

No ano 64, após a grande perseguição aos cristãos, promovida pelo satânico Imperador Nero, que os culpou pelo incêndio por ele mesmo provocado, Paulo é decapitado e retorna ao mundo espiritual, sendo acolhido por Jesus.

SÍNTESE DA EPÍSTOLA

1. Paulo se apresenta aos romanos como o apóstolo destacado para pregar o Evangelho, o que fazia por obra de Jesus.

2. É pelo Evangelho que seremos salvos, desde que seja vivido com fé.

3. A Boa Nova foi apresentada inicialmente aos judeus, mas também devia ser oferecida aos gentios.

4. Assinala como os judeus deturparam a Lei de Deus, dela se desviaram e se corromperam, entregando-se às paixões.

5. Recrimina aqueles que criticam o próximo, mas fazem o mesmo, advertindo-os de que não escaparão ao juízo de Deus.

6. Deus não faz diferença entre as pessoas e todas serão julgadas igualmente, segundo o cumprimento da lei.

7. As práticas religiosas externas - como a circuncisão - não são importantes para Deus, mas o que vai no coração.

8. Mais responsável perante Deus é aquele que já tem o conhecimento da lei.

9. Devemos nos sujeitar à lei não por obrigação, mas por fé.

10. Aceitar as tribulações para a aquisição da paciência, da experiência e da esperança.

11. Destaca o "pecado" em nossas vidas - servos da carne - e a dificuldade em fazer o que determina a lei.

12. A ação misericordiosa de Deus pela presença de Jesus na Terra, com o qual encontraremos a glorificação.

13. A manifestação dos "filhos de Deus" intercedendo em nosso favor para o bem.

14. A sujeição da criatura a Deus, ainda que não possa compreender os seus desígnios; a sujeição às autoridades, porque são ministros de Deus.

15. O desenvolvimento da fé pelo ouvir o ensinamento.

16. O reconhecimento e a aceitação do valor dos ensinamentos do passado.

17. Necessidade de todos nós vivermos cordialmente, cuidando uns dos outros, respeitando as diferenças, vivendo em paz e não na vingança.

ROMANOS 1

1 *Paulo, servo de Jesus Cristo, chamado para apóstolo,*
separado para o evangelho de Deus
2 *O qual antes prometeu pelos seus profetas nas san-*
tas escrituras,
3 *Acerca de seu Filho, que nasceu da descendência de*
Davi segundo a carne,
4 *Declarado Filho de Deus em poder, segundo o Espíri-*
to de santificação, pela ressurreição dos mortos, Jesus Cristo,
nosso Senhor,
5 *Pelo qual recebemos a graça e o apostolado, para a*
obediência da fé entre todas as gentes pelo seu nome,

PAULO INICIA SUA EPÍSTOLA afirmando aos romanos a sua condição de servo e apóstolo de Jesus, que se fizera entre nós (na carne) conforme fora anunciado pelos profetas nos livros do Antigo Testamento, as Santas Escrituras. Declara que Jesus é o Filho de Deus por causa do seu poder e porque ressuscitou dentre os mortos – para a doutrina espírita, a ressurreição é compreendida como a aparição de Jesus em corpo espiritual, assim demonstrando a todos a imortalidade do espírito e fortalecendo a fé na verdade dos seus ensinamentos. E Paulo acrescenta que foi de Jesus que recebeu a bênção da divulgação do Evangelho para todos os povos, para que estes também se sujeitassem à nova fé. Assim como Paulo, o cristão sincero e agradecido pelas bênçãos do conhecimento das verdades espirituais não guarda para sempre a posição de mero recebedor. Torna-se servo do Senhor e se oferece como apóstolo – mensageiro – para a divulgação do Evangelho divino, para que as dádivas celestes alcancem outros irmãos, tornando-se, por sua vez, instrumento de conforto e consolação. Para tanto, dedica-se ao aprendizado constante, aplica a disciplina em sua conduta, aprimora as virtudes e entrega-se à ação constante no bem, iluminando-se a si mesmo e iluminando caminhos. Não mais vive para os gozos mundanos: foi separado para servir na obra do Evangelho de Deus na Terra.

> ***6 Entre as quais sois também vós chamados para serdes de Jesus Cristo.***

Não há quem não seja convidado para estar com Jesus. Se todos pertencemos a Deus, que é a inteligência suprema, causa primária de todas as coisas, Jesus é o nosso modelo e guia, é quem nos conduzirá pelos caminhos mais rápidos para a perfeição, consequentemente para a felicidade. Somos, na Terra, "ovelhas" de seu rebanho e nenhum de nós se perderá. Ainda que desgarrados momentaneamente, por mais distante estejamos do bom caminho, a este retornaremos cedo ou tarde, porquanto só seremos felizes quando dóceis à condução do Bom Pastor. Jesus sempre está conosco, convidando-nos à prática diária do bem, que é a lei universal. Ouçamos o seu amoroso chamado e o sigamos na direção do aprisco divino.

> 7 ***A todos os que estais em Roma, amados de Deus, chamados santos: Graça e paz de Deus nosso Pai, e do Senhor Jesus Cristo.***
>
> 8 ***Primeiramente dou graças ao meu Deus por Jesus Cristo, acerca de vós todos, porque em todo o mundo é anunciada a vossa fé.***
>
> 9 ***Porque Deus, a quem sirvo em meu espírito, no evangelho de seu Filho, me é testemunha de como incessantemente faço menção de vós,***
>
> 10 ***Pedindo sempre em minhas orações que nalgum tempo, pela vontade de Deus, se me ofereça boa ocasião de ir ter convosco.***

Paulo guardava o desejo de falar aos romanos sobre a Boa Nova, mas ainda não tivera a oportunidade, que esperava lhe fosse proporcionada por Deus. Antecipando-se a esse momento, é que o apóstolo lhes escreve preparando o espírito. Desde o princípio Jesus tem a hercúlea tarefa de organizar o planeta e conduzir para o bem os espíritos aqui residentes. Cuidou o Mestre de enviar mensageiros para nos indicar o caminho e todos os povos os tiveram e os têm em seu meio. Mas achou por bem ele mesmo estar entre nós, deixando-nos a indelével lição do amor vivo, exemplificado, para mostrar que sua prática é possível. Sua fé se espalhou pelo mundo com a contribuição dos seus discípulos e de Paulo, mas não está adstrita à religião. O amor é sua religião e contagia a todos, porque sem esse alimento a alma adoece e sofre. Assim como Paulo e os mensageiros de todos os tempos oram a Deus e se alegram por nos ajudar, devemos por nossa vez nos encher de gratidão pela bondade deles e pela misericórdia de Deus.

11 ***Porque desejo ver-vos, para vos comunicar algum dom espiritual, a fim de que sejais confortados;***

Quem desperta a consciência para a lei de Deus começa a desenvolver os dons espirituais outorgados por Ele desde o princípio, para que se convertam em mecanismos proporcionadores da felicidade. Desde o esforço inicial o aprendiz já identifica em si mesmo os benefícios que se apresentam pela confiança, a serenidade, a coragem e a paz. Mais experiente e grato, sente o desejo de ser também um comunicador das bênçãos que vertem dos céus para a Terra, um médium na definição de Allan Kardec, tornando-se instrumento de Deus e dos bons espíritos para o conforto de outras criaturas aflitas. O cristão faz como exemplificou o seu Mestre, sempre levando aos companheiros de jornada a palavra amiga, o ombro acolhedor e as mãos que amparam. Se portador da mediunidade aflorada, amplia as suas possibilidades e espalha a palavra inspirada e consoladora do Alto, os fluidos renovadores do bem-estar e do ânimo e, por onde passa, é uma carta viva de Jesus.

12 ***Isto é, para que juntamente convosco eu seja consolado pela fé mútua, assim vossa como minha.***

Ensina o espiritismo que a vida social está em a Natureza,

que o ser humano foi feito para viver em grupo, já que Deus não lhe daria inutilmente a palavra e todas as outras faculdades necessárias à vida de relação. Todos aqui neste mundo somos portadores de vícios morais e de incompletas virtudes, de modo que devemos conjuntamente concorrer para o progresso mútuo. Os mais experientes estendendo as mãos aos mais novos e estes sendo para aqueles oportunidade de maior aquisição de virtudes. Os conflitos interpessoais decorrem da ainda predominância do egoísmo e do orgulho, mas deixarão de existir quando adquirirmos maturidade espiritual. Porém, quando estamos juntos por amizade e simpatia somos consolados pela confiança recíproca e pela alegria, estimulando-nos a prosseguir na busca da felicidade. Paulo, quando da carta aos romanos, já tinha consigo a certeza de que a divulgação da Boa Nova não era trabalho de apenas um indivíduo e, ciente das próprias dificuldades pessoais, procurou estar sempre acompanhado de companheiros, inclusive ao enviar suas epístolas, de modo a que fossem todos confortados pela mesma fé e mesma obra.

13 *Não quero, porém, irmãos, que ignoreis que muitas vezes propus ir ter convosco (mas até agora tenho sido impedido) para também ter entre vós algum fruto, como também entre os demais gentios.*

14 *Eu sou devedor, tanto a gregos como a bárbaros, tanto a sábios como a ignorantes.*

O orgulhoso se considera autossuficiente e senhor de si mesmo. Supõe ser capaz de tudo realizar e vencer. Por essa razão, raramente é grato a Deus ou ao próximo. O tempo, contudo, se encarrega de mostrar ao espírito a realidade, a própria pequenez e vulnerabilidade. Quase sempre, a solidão, o sofrimento e a desencarnação são os instrumentos do despertar. O humilde, por sua vez, reconhece o quanto tem ainda para aprender e sabe que as suas conquistas são concessões divinas e só foram alcançadas com a contribuição indispensável do semelhante, seja ele sábio ou ignorante, bom ou injusto, porque na escola da vida todos somos professores e alunos. Na condição de devedores uns dos outros, devemos sempre expressar o nosso reconhecimento e gratidão. Paulo, tendo enfrentado árduas lutas depois de convocado por Jesus, abandonara o orgulho da raça e do saber, reconhecendo que no seu apostolado muito aprendera na convivência com as gentes de toda condição. Seguia para Roma com o anseio de que ali a palavra da Boa Nova também pudesse produzir frutos espirituais, entre os cristãos ou romanos, de modo que todos estivessem devidamente alimentados.

> ***15** E assim, quanto está em mim, estou pronto para também vos anunciar o evangelho, a vós que estais em Roma.*

Normalmente, o egoísmo é identificado pelo apego às coisas materiais e pela recusa em dividi-las com alguém. Não raro, contudo, encontramos aqueles que não querem partilhar nem mesmo o conhecimento. Para o egoísta, isso implicaria em perda do poder, em ser inferior a quem se revele mais sábio e convincente; e o orgulho, seu companheiro dileto, não permitiria tamanha desfaçatez. Bem por essa razão os tiranos mantêm o povo na ignorância, negando-lhe o acesso à educação. Mas quando somos preenchidos pela alegria cristã, corremos a anunciar o Evangelho para todas as gentes, para que estas também se repletem com a mensagem consoladora. Percebemos que o amor – essência da Boa Nova – mais se multiplica quanto mais é espalhado, convertendo-se em permanente causa de felicidade para quem, tendo-o consigo, o espalha a mancheias.

16 ***Porque não me envergonho do evangelho de Cristo, pois é o poder de Deus para salvação de todo aquele que crê; primeiro do judeu, e também do grego.***

A coragem da convicção revela a madureza do espírito, capaz de afirmar a sua fé em quaisquer circunstâncias e perante quaisquer pessoas. Certo da autenticidade e da excelência da mensagem cristã, o discípulo não se envergonha de sua crença. Muitos cristãos da primeira hora demonstraram essa coragem, não negando o Cristo nem mesmo quando presos, seviciados e mortos. Por Jesus, Paulo arrostou achincalhe, zombaria, menosprezo, abandono, prisão, agressões e a morte. Compreendeu que Jesus apresentou seu Evangelho primeiramente aos judeus, porque já preparados para a nova revelação, mas que igualmente os idólatras, dentre eles os gregos e os romanos, deveriam ter dele o conhecimento, para uma nova e libertadora jornada espiritual. Hoje, quando o direito à crença é garantia individual nos países democráticos, mais fácil é nos declararmos cristãos ou espíritas. Mas a salvação de Deus não se dá simplesmente pela fé ou pelo rótulo religioso, sendo necessário que ela se expresse através das boas atitudes, a exemplo de Jesus. Sobre isso também disse o apóstolo Tiago: "A fé sem obras é morta" (2:17).

> **17** ***Porque nele se descobre a justiça de Deus de fé em fé, como está escrito: Mas o justo viverá da fé.***

O Evangelho de Jesus nos fala do amor, mas também da justiça de Deus. O Mestre sempre destacou a necessidade de cumprirmos a lei e afirmou que a cada um será dado segundo as suas obras. Ao dizer que a justiça de Deus se descobre de fé em fé, Paulo intuiu que a confiança, como qualquer outra virtude, só se desenvolve pouco a pouco, na experimentação sucessiva dos acontecimentos, com a devida reflexão sobre as consequências boas ou ruins das nossas condutas. Não é mera expressão verbal, fruto de uma emoção momentânea, mas decorre de um longo processo, quase sempre exigindo muitas reencarnações. Em *O Livro dos Espíritos* encontramos amplo estudo sobre as leis morais, auxiliando-nos no fortalecimento da fé, que agora não mais é simples crença, mas certeza inabalável. Dessa forma, quem deseje ser justo – aquele que cumpre a lei de Deus – viverá segundo a fé que já conquistou, revelando-a na sua ação para o bem.

> **18** ***Porque do céu se manifesta a ira de Deus sobre toda a impiedade e injustiça dos homens, que detêm a verdade em injustiça.***

Até Jesus, a ideia sobre Deus era a de que se tratava de um grande justiceiro, que se irava com os erros da humanidade e aplicava aos infratores o corretivo necessário, através de infortúnios e calamidades de todo gênero. Mas o Senhor revelou a preponderância do amor divino e a partir de então compreendemos que a justiça dos céus tem sempre o caráter reeducativo, ensinando o espírito a diferenciar o bem do mal.

As pessoas da Terra, no entanto, embora já detendo parte das verdades espirituais, ainda agem com impiedade e injustiça uns contra os outros. Mas todos nós, encarnados ou desencarnados, estamos inexoravelmente sujeitos à justiça dos céus, que não permite cair uma folha sem que isso seja útil e que obriga todos à reparação dos erros cometidos. Assim, a expressão "ira de Deus" deve ser admitida no contexto histórico e cultural da época de Paulo, formado no entendimento judaico, significando o sofrimento decorrente das nossas infelizes condutas, sempre que agimos com crueldade contra o nosso próximo.

19 Porquanto o que de Deus se pode conhecer neles se manifesta, porque Deus lho manifestou.

Desde sempre os povos procuram desvendar a essência de Deus, que já foi identificado por alguns como sendo uma força da natureza, por outros como animais ferozes e por muitos é considerado um homem de poderes sobrenaturais. O espiritismo define Deus como sendo a "inteligência suprema, causa primária de todas as coisas". Dele se pode apenas deduzir qualidades, dada a nossa inferioridade intelectual e moral. Querer mais seria como se imaginar a possibilidade de o ser humano tentar explicar a sua própria existência para uma formiga. Deus se revela às criaturas na medida da sua maturidade espiritual e só os espíritos puros poderão estar com Ele e compreendê-Lo em plenitude. As religiões e as pessoas vivem com Deus conforme o seu entendimento particular, mas nosso esforço deve ser o de refletirmos cada vez mais sobre as leis que regem o Universo e desenvolvermos os potenciais da alma, pelo estudo e trabalho no bem. Nesse sentido, o espiritismo nos oferece grande contribuição, porquanto desvenda o mundo espiritual – além dos limites da matéria ponderável –, com sua constituição própria e vida organizada, que é a nossa morada definitiva.

> **20** ***Porque as suas coisas invisíveis, desde a criação do mundo, tanto o seu eterno poder, como a sua divindade, se entendem, e claramente se veem pelas coisas que estão criadas, para que eles fiquem inescusáveis;***

Ao espírito infantil é difícil a compreensão de Deus. Apegado aos sentidos materiais e com o orgulho ainda preponderando, não se permite avançar o pensamento além dos sentidos materiais e nem admite possa ser responsabilizado por um ser superior que não vê. Mas com um pouco mais de inteligência e de boa vontade, é possível se concluir que a criação do mundo e de todas as coisas da natureza só poderia ter por causa uma inteligência maior, porquanto revela em si mesma tal complexidade, beleza e harmonia que nem o acaso e nem qualquer ser humano seriam capazes de engendrar. Paulo se refere às coisas invisíveis de Deus – por ele mesmo identificadas em várias ocasiões, a começar pelo aparecimento de Jesus –, coisas que ao longo do tempo a ciência demonstrou existir (a exemplo dos micróbios) e que avançam para o mundo que o espiritismo chama de espiritual. Portanto, é justamente pelas coisas que estão criadas e pelos fatos da natureza que se revelam a perfeição, o poder e a bondade de Deus, uma verdade que não podemos olvidar e nem nos furtar, se quisermos ser felizes.

21 ***Porquanto, tendo conhecido a Deus, não o glorificaram como Deus, nem lhe deram graças, antes em seus discursos se desvaneceram, e o seu coração insensato se obscureceu.***

Deus nunca nos abandonou e nem nos abandonará, pois não se pode conceber o Criador perfeito ignorando a criatura. Sempre enviou à humanidade sinais de sua presença protetora e Seus mensageiros aqui se fizeram presentes para d'Ele falar, fazendo despertar em nós o sentido da origem divina semeado no espírito quando de sua criação. Mas mesmo tendo ouvido sobre Deus, muitos não O aceitaram e não se submeteram, preferindo maldizê-Lo e atacá-Lo. Até hoje os materialistas, por convicção e orgulho, se recusam a refletir sobre a Sua existência. Chegará, porém, o dia em que seus corações insensatos, em sofrimento atroz ante a incapacidade de enfrentar todas as dores, se renderão arrependidos e reconhecidos, clamando por socorro.

22 ***Dizendo-se sábios, tornaram-se loucos.***

A sabedoria é um passo além da inteligência, uma vez que a esta se somam a experiência, a prudência, o bom-senso e a bondade. O sábio usa sua inteligência para fazer o bem. O inteligente tem a habilidade mental, mas nem sempre consegue torná-la produtiva e não raro a emprega no mal, instigado pelo orgulho e sua filha vaidade. Sem o saber ou admitir, esses pseudossábios se tornam loucos, ferindo o próximo e atraindo para si mesmos grandes sofrimentos, uma vez que a lei divina determina que sejamos responsáveis pelos nossos atos e obrigados à reparação dos prejuízos. Quando não iniciam na mesma vida a purgação dos seus erros, entrando em grave estado de perturbação, descrédito e falência, retornam na próxima reencarnação como doentes mentais, de modo a harmonizar o espírito com a Inteligência Suprema.

> 23 ***E mudaram a glória do Deus incorruptível em semelhança da imagem de homem corruptível, e de aves, e de quadrúpedes, e de répteis.***

A relação da criatura com a divindade - significando uma força superior, dominadora e protetora -, sempre foi a partir do que se podia ver e compreender. Por isso, os povos de todos os tempos adotaram a representação da divindade nos seres e coisas que pudessem ser vistos, materializados e tocados (imagens), uma forma de afirmação de fé para muitos necessária até hoje. Daí os idólatras entre os gentios, sempre muito reprovados pelos judeus monoteístas. Estes, por sua vez, também não compreenderam muito bem a essência incorruptível de Deus. Porque o Torá afirmara que o homem foi feito à imagem e semelhança de Deus - apenas uma figura de linguagem para se referir aos potenciais divinos em nós -, a ignorância fez uma interpretação ao contrário, identificando Deus à imagem e semelhança do homem, humanizando-o. Seria, então, possível corrompê-Lo e com Ele fazer tratativas e acordos, para se conseguir benesses sociais. A nossa identificação com Deus não diz respeito à aparência e à forma, mas às qualidades essenciais, uma vez que somos portadores de virtudes divinas que devemos desenvolver ao infinito, sem nunca, porém, alcançar a perfeição de Deus. Nossas crenças em nada alteram a natureza íntima de Deus, mas um dia conseguiremos compreendê-Lo em espírito e verdade.

24 ***Por isso também Deus os entregou às concupiscências de seus corações, à imundícia, para desonrarem seus corpos entre si;***

Deus é zeloso para com Seus filhos, desejando que vivam na bondade uns para com os outros e voltados para os sentimentos superiores, necessários à conquista da felicidade. Mas as almas ainda infantis são imediatistas e querem para agora a satisfação dos seus desejos. Não compreendem e não aceitam uma bem-aventurança futura que lhes parece incerta ou impossível. Então, preferem se entregar à cobiça da carne, ambiciosos pelo prazer, uns desonrando os outros, na comunhão dos vis objetivos ou na competição violenta entre si. Nesse tempo de infância espiritual, o instinto prepondera e as emoções nobres ainda não foram desenvolvidas. Deus, então, deixa que sigam os seus anseios, para que as consequências nefastas das próprias escolhas e a convivência conflituosa sejam o aguilhão que os conduzirá à maturidade.

25 ***Pois mudaram a verdade de Deus em mentira, e honraram e serviram mais a criatura do que o Criador, que é bendito eternamente. Amém.***

Os verdadeiros ensinamentos sobre Deus contidos no Antigo Testamento acabaram sendo deturpados ao longo do tempo pelos partidos religiosos dos judeus, especialmente os fariseus, que deixaram de servir ao Senhor da Vida com toda pureza para honrar e mais servir às próprias criaturas, por causa do orgulho e dos mesquinhos interesses; inclusive por isso, viviam em conflito e não se aceitavam, uns menosprezando os outros. O Deus eterno, justo e amoroso, então, passou a ser apresentado e ensinado como sendo um Senhor temperamental e suscetível de barganha por prata, ouro ou oferendas, em verdade convertidas em luxo das igrejas e dos clérigos. O próprio cristianismo foi deturpado ao longo da sua história, ao gosto e interesses individuais, enganos que o espiritismo procura evitar. Mas o Pai não se ofende com as traquinagens humanas e permanece, como sempre eternamente, sendo único, imaterial, imutável e perfeito.

> 26 ***Por isso Deus os abandonou às paixões infames. Porque até as suas mulheres mudaram o uso natural, no contrário à natureza.***
>
> 27 ***E, semelhantemente, também os homens, deixando o uso natural da mulher, se inflamaram em sua sensualidade uns para com os outros, homens com homens, cometendo torpeza e recebendo em si mesmos a recompensa que convinha ao seu erro.***
>
> 28 ***E, como eles não se importaram de ter conhecimento de Deus, assim Deus os entregou a um sentimento perverso, para fazerem coisas que não convêm;***
>
> 29 ***Estando cheios de toda a iniquidade, prostituição, malícia, avareza, maldade; cheios de inveja, homicídio, contenda, engano, malignidade;***
>
> 30 ***Sendo murmuradores, detratores, aborrecedores de Deus, injuriadores, soberbos, presunçosos, inventores de males, desobedientes aos pais e às mães;***
>
> 31 ***Néscios, infiéis nos contratos, sem afeição natural, irreconciliáveis, sem misericórdia;***
>
> 32 ***Os quais, conhecendo a justiça de Deus (que são dignos de morte os que tais coisas praticam), não somente as fazem, mas também consentem aos que as fazem.***

Paulo, sincero nas suas convicções, íntegro e de caráter enérgico, se indignava com o descaso das pessoas para com Deus e com a vida dissoluta que levavam, infringindo as Suas leis. Mas Deus não nos fez perfeitos, inteligentes e bons. Ensina o espiritismo que fomos criados simples e ignorantes, para nos aperfeiçoarmos pelo trabalho. Deus nos deu o livre-arbítrio e deixa que façamos as nossas escolhas, para sermos responsáveis pelo fracasso e colhermos os frutos do sucesso. A maldade, a malícia, a avareza, a inveja, a revolta e as demais condutas negativas relacionadas por Paulo impedem a nossa verdadeira comunhão com Deus. No entanto, são apenas expressões da nossa ainda inferioridade e delas nos libertaremos ao largo das várias reencarnações, após lutas árduas e dolorosas. Sabendo da lei, devemos fazer todos os esforços possíveis para cumpri-la, matando em nós as más inclinações e não contribuindo e nem compactuando com os desvios alheios. Mas, pelo amor de Deus, estamos inexoravelmente destinados à angelitude e à felicidade.

ROMANOS 2

1 ***Portanto, és inescusável quando julgas, ó homem, quem quer que sejas, porque te condenas a ti mesmo naquilo em que julgas a outro; pois tu, que julgas, fazes o mesmo.***

NÃO FOMOS INVESTIDOS NA função de juízes, para que condenemos o semelhante pelos seus erros. Os magistrados, na Terra, representam o Estado na aplicação da lei, necessária à ordem social. Mas, como espíritos, não nos é permitido acusar ou punir qualquer irmão, porque somos ainda imperfeitos e diariamente também cometemos os mesmos "pecados", ou outros. E ao reprovarmos a conduta do próximo, automaticamente condenamos a nós próprios. Muitas vezes, como defesa psicológica, apontamos no próximo os nossos próprios erros, para desviar a atenção e minimizar as nossas culpas. O cristão sincero, reconhecendo a sua fraqueza, quando encontra alguém em erro age com misericórdia e procura auxiliá-lo na reeducação, para que não venha mais a reincidir.

> 2 *E bem sabemos que o juízo de Deus é segundo a verdade sobre os que tais coisas fazem.*

A percepção humana da realidade e da verdade é sempre subjetiva, conforme a nossa inteligência e emoções. O juízo que fazemos sobre algo ou alguém é imperfeito, pois não temos o conhecimento de todos os fatos e nem da intimidade dos envolvidos. Por isso, cometemos injustiças, magoamos e ferimos as pessoas. Mas Deus nos conhece profundamente, não lhe sendo ocultas as nossas imperfeições e nem as nossas virtudes. Sabe Ele das nossas intenções e nenhum detalhe lhe passa despercebido, pois tudo está registrado em nossas consciências e também no fluido cósmico universal. Portanto, seu julgamento é perfeito, segundo a verdade absoluta, dando a cada um de acordo com as coisas que fazem: a felicidade ou o sofrimento reeducativo.

> 3 *E tu, ó homem, que julgas os que fazem tais coisas, cuidas que, fazendo-as tu, escaparás ao juízo de Deus?*

E será possível alguém se furtar ao julgamento de Deus? O materialista e mesmo o descrente não admitem a possibilidade de prestar contas a alguém superior, muito menos alguém que não vê. A negação, porém, não afasta a realidade do juízo divino, assim como na Terra o criminoso será condenado ainda que negue o poder do Estado que lhe manda para a prisão. O espiritismo ensina que a lei de Deus está na nossa consciência e, assim sendo, não há como se escapar das culpas que carregamos conosco, onde estivermos. Atento a isso, não façamos o mal e nem julguemos o próximo pelo mal que faça, antes sejamos bons e justos, para que o juízo de Deus sobre nós seja de misericórdia.

4 ***Ou desprezas tu as riquezas da sua benignidade, e paciência e longanimidade, ignorando que a benignidade de Deus te leva ao arrependimento?***

A maneira como Paulo se expressa deve ser compreendida à luz daquele tempo e de sua formação teológica. Natural que para ele Deus tivesse variações do humor, irando-se ou sendo benigno com as criaturas, porque esse era o pensamento da época. Ainda hoje, para muitos, é assim que Deus é considerado, respeitado ou temido. O espiritismo alça Deus acima da condição humana e diz que as pessoas serão felizes ou infelizes simplesmente por cumprirem ou descumprirem a lei divina. Não obstante, podemos dizer que a bondade de Deus - que não quer a morte do criminoso - estabeleceu mecanismos que nos conduzem à compreensão do erro e ao arrependimento, indispensáveis à nossa caminhada em busca da perfeição.

5 ***Mas, segundo a tua dureza e teu coração impenitente, entesouras ira para ti no dia da ira e da manifestação do juízo de Deus;***

Disse Jesus que a árvore boa dá bons frutos, significando que a criatura portadora de sentimentos elevados sempre oferece ao próximo o alimento que pode proporcionar a paz e o bem-estar espiritual. Essa criatura já entesourou as virtudes que a dignificam perante Deus e lhe garantem acesso à classe dos espíritos bons. Nada mais teme, pois já se redimiu dos enganos e permanece com a consciência tranquila. Já o que ainda carrega um coração endurecido, cruel e que de nada se arrepende, é um revoltado pela ira e se faz perturbador da sociedade. Seus frutos são amargos e o que espalha é aflição e revolta, que vai acumulando ao longo da sua história, até que chegará o inevitável dia no qual será chamado à responsabilidade e ao reajuste perante o próximo e a justiça de Deus.

6 ***O qual recompensará cada um segundo as suas obras; a saber:***
7 ***A vida eterna aos que, com perseverança em fazer bem, procuram glória, honra e incorrupção;***
8 ***Mas a indignação e a ira aos que são contenciosos, desobedientes à verdade e obedientes à iniquidade;***
9 ***Tribulação e angústia sobre toda a alma do homem que faz o mal; primeiramente do judeu e também do grego;***
10 ***Glória, porém, e honra e paz a qualquer que pratica o bem; primeiramente ao judeu e também ao grego;***

O apóstolo reitera aqui as palavras de Jesus anotadas por Mateus (16:27). Para o espiritismo, trata-se da aplicação da conhecida lei de causa e efeito ou da responsabilidade individual. Quis Deus que a pureza fosse uma conquista do espírito e para isso lhe empresta as coisas e lhe proporciona as oportunidades. A felicidade deve ser alcançada pelo desenvolvimento das virtudes, através das múltiplas experiências e ao longo de milênios. Nesse processo de aprendizado constante, as atitudes de ociosidade, revolta e de conflito despertam mecanismos universais que mostram ao espírito que não são elas compatíveis com a lei e nem lhe darão a felicidade e nem a paz. E, não raro, é pelo sofrimento que chega o convite para essa realidade inevitável. Já a quem pratica o bem está reservada a glória de viver com honra e em paz consigo mesmo. Quem conhece a lei divina (o judeu) é mais responsabilizado em comparação ao dela ignorante (o grego); todavia, quem já vive conforme a lei é o primeiro a compreender o seu significado e logo desfruta dos seus benefícios, ao passo que o descrente que faz o bem pela força das circunstâncias, tarda em sentir a paz interior que ela promove.

11 *Porque, para com Deus, não há acepção de pessoas.*

Paulo insiste – com a repetição, que também acontece em outros assuntos, parece que o apóstolo quer que não haja dúvida quanto ao seu pensamento – na sua fala de que os judeus não deveriam fazer ressalvas quanto aos gentios, porque Deus não o faz. Uma análise centrada nesta única vida levaria à conclusão de que Deus, se existe, tem filhos preferidos, aos quais concede toda a felicidade do mundo, ao passo que à grande maioria reserva apenas dificuldades e sofrimento. Somente a imortalidade da alma e a reencarnação, como admite a doutrina espírita, explicam de forma racional e convincente as diferenças pessoais e sociais, compatibilizando-as com a justiça e a misericórdia divinas. Para Deus não há privilegiados. Todos fomos criados iguais, simples e ignorantes e com as mesmas oportunidades de evolução. Portanto, riqueza e pobreza, saúde e doença, poder e subordinação, são situações que se alternam nas diversas reencarnações do espírito, para que possa desenvolver todas as suas qualidades.

> 12 ***Porque todos os que sem lei pecaram, sem lei também perecerão; e todos os que sob a lei pecaram, pela lei serão julgados.***

Paulo, neste versículo e nos seguintes, diz que serão julgados de maneiras diferentes aqueles que conhecem a lei e os que a desconhecem. Refere-se ele à lei divina, que até então fora anunciada nos Dez Mandamentos e no Evangelho de Jesus. O espiritismo ensina que a responsabilidade do espírito pelos erros se dá na medida da sua intenção e do conhecimento da lei, de modo que o selvagem que tira a vida do próximo não será tão culpado quanto o civilizado (questão 849 de *O Livro dos Espíritos*). Portanto, se quem desconhece a lei não está isento totalmente de culpa pela infração, é justo que sua responsabilidade não seja a mesma que a daquele que erra conhecendo a norma proibitiva.

> 13 ***Porque os que ouvem a lei não são justos diante de Deus, mas os que praticam a lei hão de ser justificados.***

Encontramos em a humanidade aqueles que ouvem a mensagem cristã, mas ainda não a compreendem ou não a aceitam, porque o instinto prepondera. Há, de outro lado, os que a ouvem e a consideram bela, mas estão mais entretidos com os interesses puramente humanos, raramente se dando a vivenciá-la. Em menor parcela são aqueles que, ouvindo e bem compreendendo a relevância dos ensinamentos, dedicam-se a colocá-la em prática em suas vidas. Uns são meramente teóricos, mas como o conhecimento guardado nada produz e não beneficia, não podem ser desculpados pela lei divina, que recomenda se faça o bem. Mas os que ouvem o Evangelho e se esforçam para ser úteis mais depressa serão compensados (justificados, aceitos, salvos), pois somente a caridade – o amor em ação – pode proporcionar o bem-estar da alma e a paz de consciência, garantindo a felicidade.

14 ***Porque, quando os gentios, que não têm lei, fazem naturalmente as coisas que são da lei, não tendo eles lei, para si mesmos são lei;***

Gentios eram os povos que não seguiam a lei judaica e nem ainda haviam tido contato com a Boa Nova anunciada por Jesus. Eram pagãos ou politeístas. Paulo foi considerado o apóstolo dos gentios, porque entendeu que o Evangelho não era privilégio dos judeus e deveria ser levado a todos os povos. Mas o fato de não terem o conhecimento da lei não significava que suas condutas não fossem com ela compatíveis. Muitos romanos e gregos, por exemplo, cultivavam elevados valores morais, que para eles constituíam uma regra a seguir. Ensina o espiritismo que, ao longo do tempo, diversos mensageiros de Jesus reencarnaram entre os povos para conduzi-los e neles desenvolver o senso moral e a espiritualidade. Dessa forma, sem o saber, muitos desses povos já viviam conforme a lei divina apregoada por Moisés e Jesus, como ainda hoje acontece com os que não se dizem cristãos.

15 ***Os quais mostram a obra da lei escrita em seus corações, testificando juntamente a sua consciência, e os seus pensamentos, quer acusando-os, quer defendendo-os;***

Só seguiremos a lei se ela em nós se tornar consciente e moldar a nossa maneira de ser e de viver. Todo o trabalho dos céus é nesse sentido, uma vez que a criatura só é feliz ou infeliz quando cumpre ou descumpre a lei divina (questão 614 de *O Livro dos Espíritos*). Despertos para essa realidade, somos juízes de nós mesmos e submetemos à crítica os nossos atos e até mesmo os mais simples pensamentos, para aceitá-los ou repudiá-los. Alcançando essa capacidade de reflexão sobre nós mesmos, avançaremos mais depressa, pois vigiaremos os nossos atos, as nossas palavras e os pensamentos, para que sejam compatíveis com o bem e não firam a ninguém. Quando assim agimos, mostramos que a lei já está em nossa consciência e direcionada pelo bom sentimento, na palavra do apóstolo representado pelo coração.

16 No dia em que Deus há de julgar os segredos dos homens, por Jesus Cristo, segundo o meu evangelho.

Religiões há que aguardam o dia do julgamento final, quando serão separados os bons dos maus. É uma falsa compreensão da real natureza do ser humano, que não é corporal, mas sim espiritual e imortal. E para Deus não há nada que fique escondido, porque é onisciente e nos conhece desde o princípio; e nossos segredos não o são também para os espíritos desencarnados, que nos acompanham a vida e sabem dos nossos pensamentos. Cada conduta imediatamente produz efeitos com resultados de curto ou longo prazo, de maior ou menor intensidade, compelindo-nos a colher os frutos doces ou amargos das nossas obras. No Evangelho de Jesus encontramos as regras morais necessárias para a cada dia fazermos um juízo próprio das nossas atitudes, a fim de nos corrigirmos ou contentarmos, sem que seja necessário que outros nos julguem.

17 Eis que tu que tens por sobrenome judeu, e repousas na lei, e te glorias em Deus;

18 E sabes a sua vontade e aprovas as coisas excelentes, sendo instruído por lei;

19 E confias que és guia dos cegos, luz dos que estão em trevas,

20 Instrutor dos néscios, mestre de crianças, que tens a forma da ciência e da verdade na lei;

21 Tu, pois, que ensinas a outro, não te ensinas a ti mesmo? Tu, que pregas que não se deve furtar, furtas?

22 Tu, que dizes que não se deve adulterar, adulteras? Tu, que abominas os ídolos, cometes sacrilégio?

23 Tu, que te glorias na lei, desonras a Deus pela transgressão da lei?

24 Porque, como está escrito, o nome de Deus é blasfemado entre os gentios por causa de vós.

Os judeus e os cristãos em geral estamos devidamente instruídos sobre a lei divina, o bem que devemos praticar. Nossa fé em Deus e em Jesus é uma glória que alenta os nossos dias e nos fortalece nas provações necessárias à felicidade. Muitos de nós estamos na tarefa do ensino da verdade que aprendemos ou no serviço de caridade ao próximo desvalido. Alguns o fazem com o orgulho de um privilégio que é falso, pois ensinar ou amparar é na verdade um bem que fazemos a nós mesmos e engradece a alma; mas no orgulho não se dão conta de que igualmente são imperfeitos e também erram e não cumprem a lei perfeitamente. Por causa dessa conduta, os incrédulos e os materialistas encontram argumentos para refutar a excelência de Deus e da religião, retardando o despertar para a espiritualidade. Dessa forma, embora reconhecendo que a nossa imperfeição não deve ser motivo para deixarmos a obra, devemos fazer todo o esforço possível para que as nossas atitudes correspondam exatamente à moral de Deus.

25 ***Porque a circuncisão é, na verdade, proveitosa, se tu guardares a lei; mas, se tu és transgressor da lei, a tua circuncisão se torna em incircuncisão.***

A circuncisão era uma prática dos judeus a que todos os homens estavam sujeitos (Levítico 12:2-3), com o significado de um pacto com Deus e que era representado pela entrega da "aliança prepucial" - talvez na origem dessa prática existissem motivos higiênicos. Essa exigência gerou discórdia entre os discípulos de Jesus, porque Paulo não aceitava fossem os gentios a ela obrigados para se tornarem cristãos. Aqui, o apóstolo argumenta que a circuncisão não tem nenhum valor se a lei não for cumprida, querendo dizer com isso que a vivência do bem prepondera acima dos dogmas e dos rituais puramente humanos. Com o espiritismo, aprendemos que para Deus vale mais a comunhão em espírito, mas que devemos respeitar as práticas das diversas religiões, por serem ainda necessárias às manifestações de sua fé.

26 ***Se, pois, a incircuncisão guardar os preceitos da lei, porventura a incircuncisão não será reputada como circuncisão?***
27 ***E a incircuncisão que por natureza o é, se cumpre a lei, não te julgará porventura a ti, que pela letra e circuncisão és transgressor da lei?***
28 ***Porque não é judeu o que o é exteriormente, nem é circuncisão a que o é exteriormente na carne.***
29 ***Mas é judeu o que o é no interior, e circuncisão a que é do coração, no espírito, não na letra; cujo louvor não provém dos homens, mas de Deus.***

É da natureza humana inferior apresentar-se por fora diferentemente do que se é por dentro. Assim fazemos por conveniência social e quase sempre para esconder as nossas imperfeições ou nossas reais intenções, com isso nos mostrando melhores do que realmente somos. Jesus, autêntico em todas as situações, combateu a hipocrisia dos fariseus, considerando-os sepulcros caiados, pois praticavam os rituais do judaísmo e ocultamente tramavam contra o próximo. Religião não deve ser apenas um rótulo que se exibe, mas a maneira particular de se viver na Terra e de se relacionar com as coisas dos céus. É pelo que está no seu coração que o fiel é identificado perante Deus, que então o louvará e recompensará pela sinceridade da crença, independentemente do juízo que dele possam fazer as pessoas.

ROMANOS 3

1 Qual é, pois, a vantagem do judeu? Ou qual a utilidade da circuncisão?
2 Muita, em toda a maneira, porque, primeiramente, as palavras de Deus lhe foram confiadas.

A VIDA RELIGIOSA E a crença num Deus único garantiram aos judeus a presença de diversos profetas, espíritos superiores enviados por Jesus para que anunciassem a esse povo e à humanidade as primeiras lições morais necessárias à felicidade do espírito. Prepararam o caminho para que séculos depois o próprio governador da Terra viesse para se nos apresentar como o condutor das nossas almas e para que com ele estabelecêssemos vínculos eternos. A mensagem sublime foi confiada a eles não como um tesouro a ser trancado para mero deleite e ostentação, mas como sementes imperecíveis de amor e luz, que deveriam ser multiplicadas nos corações de todas as criaturas. Paulo não desprezava as práticas judaicas, dentre elas a circuncisão, mas considerava que não podiam ser exigidas daqueles que desejavam seguir Jesus, porquanto este, embora fosse judeu, apresentara uma nova proposta de vida espiritual, baseada na simplicidade e numa aliança com Deus pelos laços do coração.

3 ***Pois quê? Se alguns foram incrédulos, a sua incredulidade aniquilará a fidelidade de Deus?***

Deus é uma realidade demonstrada pelos efeitos observados no Universo, cuja obra não poderia ser das pessoas. Sua infinitude e perfeito equilíbrio ensejam a convicção de que o Criador incriado também é perfeito. Sua existência, poder, justiça e amor não se infirmam pela descrença de alguns cujo orgulho os coloca no centro de tudo; são crianças espirituais que naturalmente irão despertar para a verdade, embora quase sempre pelo aguilhão do sofrimento. Para os crentes e para os descrentes, Deus continua oferecendo as suas bênçãos, como todo dia faz o sol surgir para os bons e para os criminosos. Por isso, em verdade, cabe a todos nós manter a plena fidelidade às leis divinas, porque disso depende a nossa felicidade.

4 ***De maneira nenhuma; sempre seja Deus verdadeiro, e todo o homem mentiroso; como está escrito: Para que sejas justificado em tuas palavras, e venças quando fores julgado.***

O Senhor da Vida é sempre verdadeiro, porque lhe são imanentes todas as virtudes em perfeição. E nenhuma criatura é capaz de expressar a plena verdade, conquanto a busque constantemente. Recordando o Salmo 51:4, Paulo quer dizer que, mais cedo ou mais tarde, quando a criatura se colocar na posição de avaliar as palavras divinas, compreenderá que são justas e boas, imprescindíveis à sua redenção e felicidade, sendo, afinal, por elas vencido. Por isso, devemos nos guardar na humildade e reconhecer a nossa incapacidade e fraquezas, porque assim seremos compreendidos e considerados com mais compaixão nos nossos enganos. Nossas condutas nunca devem ser arrogantes e impositivas, mas expressar a sinceridade do aprendiz que reconhece pouco saber da justiça de Deus e do Universo infinito. O que pensamos, falamos e fazemos diz respeito ao que já entendemos sobre a vida e as leis divinas. Evoluindo em inteligência e sentimentos, retificaremos o nosso modo de ser e passaremos a agir consoante a lei, com segurança, convicção e boa-fé no coração.

5 ***E, se a nossa injustiça for causa da justiça de Deus, que diremos? Porventura será Deus injusto, trazendo ira sobre nós? (Falo como homem.)***

6 ***De maneira nenhuma; de outro modo, como julgará Deus o mundo?***

Ainda espíritos atrasados, dominados pelo orgulho e o egoísmo, esperamos que tudo aconteça conforme o nosso querer e por causa disso cometemos muitas injustiças contra o semelhante e a natureza. Se muitas vezes nos furtamos à justiça humana, somos inapelavelmente atingidos pela justiça divina, que atua para a nossa reeducação por vários meios, compelindo-nos ao reajustamento e à reparação dos prejuízos a que demos causa, ainda nesta vida, no mundo espiritual ou em futuras reencarnações. Mesmo quando somos atingidos pelo sofrimento sem causa aparente, de forma alguma podemos imaginar que Deus é injusto, porque do contrário não seria Deus. E se Ele não fosse perfeitamente justo, como poderíamos imaginar o Universo vivendo em equilíbrio e ordem entre as coisas e as pessoas? O espiritismo nos explica que há males que são consequências de vidas passadas, porque o espírito reencarna várias vezes sucessivamente e deve ser responsabilizado até pelos seus mínimos enganos. Não se trata de ira divina, força da palavra necessária à compreensão do povo da época, mas clara manifestação do amor que educa para o bem e a felicidade.

> 7 ***Mas, se pela minha mentira abundou mais a verdade de Deus para glória sua, por que sou eu ainda julgado também como pecador?***

Mesmo quando nos enganamos na explicação e na exemplificação da verdade divina, se de alguma sorte somos instrumentos de bem-estar e alegria do próximo, há mérito no nosso esforço. Deus se vale de instrumentos imperfeitos para ajudar a imperfeição alheia, porque somos os mais próximos uns dos outros. Também, não seria justo e nem adequado que os espíritos puros se tornassem educadores da absoluta ignorância ou da rebeldia. Não significa, porém, que a nossa boa vontade em servir nos dê passaporte livre para a festa no Reino dos Céus, porquanto para nela ingressar necessitamos da apropriada túnica alva. Somos "pecadores" porque ainda trazemos conosco inumeráveis condutas infelizes que precisam ser reconhecidas, disciplinadas e convertidas em virtudes, e o trabalho na lavoura da caridade é justamente o melhor meio para alcançarmos a purificação. Assim, ainda que imperfeitos, avancemos adiante sem olhar para trás.

8 E por que não dizemos (como somos blasfemados, e como alguns dizem que dizemos): Façamos males, para que venham bens? A condenação desses é justa.

Pessoas sinceras muitas vezes supõem agir corretamente, mas suas condutas acabam produzindo o mal. A ignorância ou o pouco conhecimento da lei de Deus podem realmente gerar uma situação indesejada. Outros, porém, agem com maldade de propósito, enganam o próximo, com isso querendo que lhes venha algum tipo de bem, quase sempre de natureza material. Uns e outros serão justamente responsabilizados pelas nefastas consequências e serão chamados ao ajuste de contas e à reparação dos prejuízos, conforme o grau evolutivo de cada um, porque da lei divina ninguém se furta. Os bons, não raro, pelo bem que fazem, são criticados pelos invejosos e orgulhosos, que sempre projetam nos outros a maldade que lhes vai na alma, acusando aqueles de agirem com o interesse de vantagens ilícitas. Não devem, porém, se amargurar com isso, porque quem faz o bem está com Deus e a este pertence julgar as condutas de cada um.

9 Pois quê? Somos nós mais excelentes? De maneira nenhuma, pois já dantes demonstramos que, tanto judeus como gregos, todos estão debaixo do pecado;

10 Como está escrito: Não há um justo, nem um sequer.

11 Não há ninguém que entenda; Não há ninguém que busque a Deus.

12 Todos se extraviaram, e juntamente se fizeram inúteis. Não há quem faça o bem, não há nem um só.

Os seres humanos já avançaram em inteligência e em sentimentos, mas ao longo do processo evolutivo experimentaram as paixões e estas naturalmente ensejaram os excessos de toda natureza. As paixões não controladas motivaram os desvios e os crimes (pecados, no dizer de Paulo), e não há quem delas não tenha sido presa fácil. Todos que evoluímos neste planeta de expiações e provas ainda não somos justos, não há quem já cumpra plenamente a lei divina. Os judeus se consideravam o povo escolhido, mas Paulo aqui, embora enfaticamente (nestes e nos versículos seguintes o apóstolo cita trechos dos Salmos), quer chamar a atenção para o fato de que não devemos nos considerar os mais excelentes, pelo contrário, percebendo-nos em igualdade de condições, devemos nos ajudar uns aos outros para cada vez mais vivermos conforme a justiça e a bondade.

> **13** ***A sua garganta é um sepulcro aberto; Com as suas línguas tratam enganosamente; Peçonha de áspides está debaixo de seus lábios;***
>
> **14** ***Cuja boca está cheia de maldição e amargura.***
>
> **15** ***Os seus pés são ligeiros para derramar sangue.***
>
> **16** ***Em seus caminhos há destruição e miséria;***
>
> **17** ***E não conheceram o caminho da paz.***
>
> **18** ***Não há temor de Deus diante de seus olhos.***

O orgulhoso costuma ser autoritário e agressivo, derramando fel e sofrimento por onde estenda os seus tentáculos. Supõe com isso conseguir o prazer e a felicidade que seu coração não conseguiu conquistar por ser desprovido da bondade e da simpatia. É uma amarga fantasia, da qual um dia despertará para sorver o mesmo veneno que procurou inocular nas criaturas. Mostra-se poderoso, dominador e muitas vezes é ovacionado por asseclas de mesmo naipe ou por subalternos amedrontados. No entanto, não caminha em paz, atormentado que é pelo medo oculto de ser substituído por outro mais poderoso ou pelo tédio da frustração. Ainda não teme a Deus, porque não pode admitir uma força que seu coração não reconhece. Mas quando a solidão e o sofrimento forem insuportáveis, a dúvida se estabelecerá e a criatura acordará o amor divino que dormita na sua intimidade.

19 ***Ora, nós sabemos que tudo o que a lei diz, aos que estão debaixo da lei o diz, para que toda a boca esteja fechada e todo o mundo seja condenável diante de Deus.***

20 ***Por isso nenhuma carne será justificada diante dele pelas obras da lei, porque pela lei vem o conhecimento do pecado.***

Embora as leis universais se imponham sobre todas as criaturas, cada qual é responsabilizado segundo o grau de sua compreensão e as intenções da alma. É sobre isso que ensina Paulo. A lei de Deus, como revelada por Moisés e os profetas, aplicava-se aos próprios judeus, que a ela estavam sujeitos e sob vigilância dos rabinos e sacerdotes. Os pagãos e idólatras das imagens de pedra não estavam debaixo da lei, por isso, não poderiam ser avaliados com o mesmo rigor quando se entregavam aos prazeres humanos (da carne), porque não tinham o exato conhecimento das regras morais divinas, que distinguem o certo do errado. Ao contrário, os judeus não poderiam ser desculpados dos abusos, porque já tinha da lei todo o conhecimento.

21 ***Mas agora se manifestou sem a lei a justiça de Deus, tendo o testemunho da lei e dos profetas;***

> 22 ***Isto é, a justiça de Deus pela fé em Jesus Cristo para todos e sobre todos os que creem; porque não há diferença.***

A justiça de Deus se manifesta a todos indistintamente, independentemente da interpretação que as religiões possam dar à lei e à sua aplicação. As leis humanas de Moisés e as palavras dos profetas se mesclaram com a lei divina e serviram à condução dos judeus por longo tempo, mas foram ajustadas conforme as conveniências e o grau de compreensão. Sem desprezar a lei antiga, mas tendo-a por testemunho e referência, para que fosse cumprida corretamente, Jesus apresenta à humanidade o amor de Deus, revestindo a justiça da lei com a capa da misericórdia. E todos que colocaram sua fé nos ensinamentos do Messias passaram a encontrar a plena justiça de Deus, que recompensa com a paz e a alegria os justos obreiros do bem e convoca ao árduo reajuste aqueles que dela se afastam.

> 23 ***Porque todos pecaram e destituídos estão da glória de Deus;***

O erro faz parte do processo de aprendizado. Nenhum espírito evolui sem passar pelos enganos da ignorância, repetindo a experiência frustrada e reparando os prejuízos quanto for necessário, até que adquira a excelência em todos os setores da vida. Deus a todos trata com igualdade, sem exceção, porque o privilégio gratuito seria uma injustiça. Os anjos nada mais são do que espíritos que, pelos seus esforços, atingiram a sabedoria e as virtudes. Enquanto persistimos no erro estamos destituídos da glória de Deus, pois só cumprindo as Suas leis é que podemos desfrutar da felicidade. Mas, no momento em que nos arrependemos e avançamos fazendo o bem, já nos colocamos em condições de colher os frutos sazonados de paz e bem-estar.

> 24 ***Sendo justificados gratuitamente pela sua graça, pela redenção que há em Cristo Jesus.***

As bênçãos divinas nos são oferecidas gratuitamente, porque Deus é pai de concessões e não de cobranças. O que Ele nos concede são os potenciais da alma necessários à felicidade. As coisas materiais (inclusive o nosso corpo) e a autoridade humana não são nossas, mas apenas empréstimos pelos quais devemos prestar contas. Jesus afirmou que seu jugo é suave e seu fardo é leve. Dessa maneira, quando afastados da lei, a vida fica mais pesada e onerosa, porque nas sombras andamos aos tropeços, caímos e sofremos. Levantar sempre exige esforço a mais; curar é mais sofrido que manter a integridade; o amor liberta e o ódio escraviza e faz sofrer. Quando aceitamos Jesus – o caminho para a verdade e a vida – nos redimimos perante a lei e tudo se torna mais fácil. Entramos na graça interior e uma leveza toma conta da alma.

> 25 ***Ao qual Deus propôs para propiciação pela fé no seu sangue, para demonstrar a sua justiça pela remissão dos pecados dantes cometidos, sob a paciência de Deus;***
>
> 26 ***Para demonstração da sua justiça neste tempo presente, para que Ele seja justo e justificador daquele que tem fé em Jesus.***

Deus é paciente conosco (num sentido figurado), porque por Suas leis a alma só se ilumina depois de um longo processo e no qual o erro se apresenta como necessário ao acerto, consolidando o conhecimento, a sabedoria e a virtude. Por isso permite os abusos do livre-arbítrio, os crimes, as guerras... Mas também nunca nos deixou ao desamparo, como o lavrador dedicado não abandona a planta tenra e o professor zeloso não desdenha os alunos sob seus cuidados. Chegado o tempo justo, enviou Jesus entre nós para que a fé nos seus ensinamentos e na sua renúncia extrema propiciasse o despertar da nossa consciência para o verdadeiro sentido do amor, um amor ao próximo como a nós mesmos e a Deus sobre todas as coisas. Essa fé no amor enseja que avaliemos a extensão dos nossos erros e nos coloca em condições de compreendermos e aceitarmos a justiça de Deus, que nos abre a porta do trabalho no bem e será a remissão das nossas almas.

> 27 ***Onde está logo a jactância? É excluída. Por qual lei? Das obras? Não; mas pela lei da fé.***
> 28 ***Concluímos, pois, que o homem é justificado pela fé sem as obras da lei.***

Numa análise superficial, a fala de Paulo dá a entender que para ele basta a fé em Jesus e em Deus para que encontremos desculpa para os nossos enganos. Mas o sentido é outro, que deve ser compreendido no contexto de todo o seu ensinamento. O que o apóstolo estava querendo dizer aos romanos é que ninguém será justificado (no sentido de perdoado, consolado, amparado) se a sua conversão se der por jactância ou por força (obras) da lei, querendo gratuitos favores ou com medo de uma possível vingança divina, nesta vida ou depois dela. Significa que devemos abandonar a nossa vida de erros na certeza que a lei de Deus é justa e misericordiosa, ter no coração uma fé verdadeira e sincera e viver corretamente com alegria e espontaneidade.

29 ***É porventura Deus somente dos judeus? E não o é também dos gentios? Também dos gentios, certamente,***

As religiões costumam disputar a representação de Deus na Terra, sendo verdadeiro somente aquele por elas apregoado. Mesmo o politeísmo dos gregos e romanos não deixava de já ser uma busca do Deus único cuja intuição permanece na intimidade de cada espírito. Mas Deus está acima das vaidades e dos conceitos humanos e permanece único e de todos, aceitemos ou não. A razão não admite que Deus se parta para atender às conveniências pessoais e nem que faça diferença entre as Suas criaturas. A forma como O compreendemos depende de nossa maturidade espiritual e apesar disso Ele permanece imutável. Vai sempre oferecer a cada um, indistintamente, todas as oportunidades de aprendizado, com variadas opções, para que possamos d'Ele nos aproximar o mais depressa possível, porquanto isso nos proporcionará sabedoria e amor, consequentemente a felicidade que almejamos com tanto ardor.

30 ***Visto que Deus é um só, que justifica pela fé a circuncisão, e por meio da fé a incircuncisão.***

31 ***Anulamos, pois, a lei pela fé? De maneira nenhuma, antes estabelecemos a lei.***

As práticas e os rituais religiosos não pertencem a Deus e sim às próprias religiões, conforme as suas crenças particulares. O espiritismo, doutrina que tem por alicerce a ciência, esclarece que a nossa comunhão com Deus carece apenas do pensamento e tudo o mais é dispensável. Posturas, imagens ou palavras podem ser úteis para aquelas pessoas que precisam de referências materiais para o fortalecimento da fé. E a nossa fé numa determinada prática religiosa não muda de forma alguma a lei divina e nem por isso vamos agradar mais ou menos a Deus. Assim, que cada uma manifeste a sua fé como queira e que nos respeitemos uns aos outros, porque para Deus o que vale é a intenção e o exato cumprimento da lei de amor.

ROMANOS 4

1 *Que diremos, pois, ter alcançado Abraão, nosso pai segundo a carne?*

2 *Porque, se Abraão foi justificado pelas obras, tem de que se gloriar, mas não diante de Deus.*

3 *Pois, que diz a Escritura? Creu Abraão em Deus, e isso lhe foi imputado como justiça.*

4 *Ora, àquele que faz qualquer obra não lhe é imputado o galardão segundo a graça, mas segundo a dívida.*

5 *Mas, àquele que não pratica, mas crê naquele que justifica o ímpio, a sua fé lhe é imputada como justiça.*

ABRAÃO É CONSIDERADO AQUELE que deu origem ao povo hebreu e para o qual Deus se apresentou como o único, daí o fato de os hebreus serem monoteístas. Paulo, neste capítulo, reflete sobre a história de Abraão, para a convicção de que Deus é o Pai de todos e para reforçar a importância da fé sincera. Aquele que age para a satisfação das necessidades humanas, que pratica as obras da vida na Terra, já encontra nisso a própria recompensa. Mas a obra segundo Deus depende de um sentimento maior que extrapola as sensações físicas e diz respeito à crença da alma, uma intuição certa de Deus e de Sua vontade para conosco. No início não havia a lei e nem as suas obras, para que Abraão a elas se sujeitasse, de modo que seu galardão não decorreu simplesmente do que fizera como homem, mas da sua fé, testada até o extremo do quase sacrifício do próprio filho. Foi por causa disso que Deus lhe confiou a missão de conduzir o povo hebreu à terra prometida e a um novo tempo de maior espiritualidade.

6 Assim também Davi declara bem-aventurado o homem a quem Deus imputa a justiça sem as obras, dizendo:

7 Bem-aventurados aqueles cujas maldades são perdoadas, e cujos pecados são cobertos.

8 Bem-aventurado o homem a quem o Senhor não imputa o pecado.

9 Vem, pois, esta bem-aventurança sobre a circuncisão somente, ou também sobre a incircuncisão? Porque dizemos que a fé foi imputada como justiça a Abraão.

10 Como lhe foi, pois, imputada? Estando na circuncisão ou na incircuncisão? Não na circuncisão, mas na incircuncisão.

11 E recebeu o sinal da circuncisão, selo da justiça da fé, quando estava na incircuncisão, para que fosse pai de todos os que creem, estando eles também na incircuncisão; a fim de que também a justiça lhes seja imputada;

12 E fosse pai da circuncisão, daqueles que não somente são da circuncisão, mas que também andam nas pisadas daquela fé que teve nosso Pai Abraão, que tivera na incircuncisão.

Aqui, como em outros versículos, Paulo quer mostrar que a bem-aventurança ou mesmo o perdão não são oferecidos apenas aqueles que estão sob as obras (práticas religiosas) da lei, mas que todos que pela fé aceitarem Deus estão em condições de serem justificados (perdoados, desculpados, aceitos) e podem se renovar e passar a viver conforme a lei divina. Para tanto, o apóstolo argumenta com o fato de que quando Deus conversa com o patriarca este ainda não era circuncidado, prática que foi instituída ao povo apenas posteriormente e que constituiria uma obrigação aos judeus. Assim, com uma lógica inteligente, Paulo defende que se Deus se manifestou a Abraão antes da circuncisão, é que esta em verdade não era determinante para a salvação e que mesmo os povos que não a praticavam podiam manifestar sua fé em Deus e praticar o bem.

> **13** ***Porque a promessa de que havia de ser herdeiro do mundo não foi feita pela lei a Abraão, ou à sua posteridade, mas pela justiça da fé.***
>
> **14** ***Porque, se os que são da lei são herdeiros, logo a fé é vã e a promessa é aniquilada.***

As religiões e suas leis são instituídas pelos homens e os adeptos a elas se vinculam por diversos motivos, em geral por aprendizado familiar, por imposição das castas dominantes ou mesmo por interesses do orgulho. Mas Paulo diz que essa religiosidade não implica automaticamente em merecermos o mundo de felicidade no qual um dia a Terra se transformará; a declaração de fé por esses motivos é vã e falsa e não atrai nenhuma bênção divina. O rótulo não garante acesso aos céus. É preciso que a nossa fé seja a de coração, verdadeira, porque assim estaremos em condições de nos submetermos à lei de forma consciente e sermos beneficiados pelo seu cumprimento. Necessário recordar que o Reino dos Céus não foi prometido por Jesus aos judeus – que eram o povo escolhido –, mas sim aos que são simples e humildes de coração.

15 *Porque a lei opera a ira. Porque onde não há lei também não há transgressão.*

Se podemos ser agraciados com as alegrias e a paz que o conhecimento e a prática da lei nos proporcionam, igualmente aumenta a nossa responsabilidade pelos desvios e pelos prejuízos que causarmos ao próximo. Aos ignorantes, crianças e loucos se julga com mais compaixão, pois suas mentes infantis ou perturbadas não estão em condições de entender a lei divina. Ao contrário, maior responsabilidade tem aquele que já tem o conhecimento da lei e age de má-fé ou negligência. Não poderá se desculpar e nem imputar a outrem a culpa pelos próprios enganos. Paulo novamente alerta para a responsabilidade dos judeus. Ao contrário dos pagãos e idólatras, eles já tinham o conhecimento da lei de Deus (os dez mandamentos), mas mesmo assim se fecharam no orgulho da raça e desprezavam aqueles que pensavam de maneira diferente, como foram capazes de recusar o Reino de Amor que lhes ofereceu Jesus. Sobre eles e sobre nós cristãos, a lei de causa e efeito (a justiça) se apresenta com mais rigor e disciplina.

16 *Portanto, é pela fé, para que seja segundo a graça, a fim de que a promessa seja firme a toda a posteridade, não somente à que é da lei, mas também à que é da fé que teve Abraão, o qual é pai de todos nós,*

17 ***(Como está escrito: Por pai de muitas nações te constituí) perante aquele no qual creu, a saber, Deus, o qual vivifica os mortos, e chama as coisas que não são como se já fossem.***

Abraão é considerado o pai das nações cristãs, porque na sua essência está a crença no monoteísmo, com uma fé forte e verdadeira. Moisés nasceu entre os hebreus e sua missão foi reforçar essa crença e acrescentar outros mandamentos de Deus, estabelecendo a primeira aliança, com base nas regras básicas de justiça. Igualmente por isso, Jesus encarnou entre os judeus e nesse tempo apresenta-nos uma segunda aliança, afirmando que Deus, se é justiça, também é o amor que sempre ampara e oferece a graça da redenção pela obra do bem. E o espiritismo é a terceira revelação, trazendo a luz da verdade às demais, para que todos os ensinamentos ficassem bem compreendidos. Tudo isso faz parte do plano divino de implantação do amor nos corações dos espíritos, de modo que todos tenhamos vida plena. Deus, que é onisciente e para o qual tudo é presente, sabe que ainda não somos, mas que amanhã seremos os filhos de luz a que nos destinou; para Ele não há privilegiados, povos escolhidos para os céus, mas seu amor se esparrama a todos os que O já aceitam e aos demais que, mais cedo ou mais tarde, também irão buscar o Seu colo amoroso.

18 ***O qual, em esperança, creu contra a esperança, tanto que ele tornou-se pai de muitas nações, conforme o que lhe fora dito: Assim será a tua descendência.***

19 ***E não enfraquecendo na fé, não atentou para o seu próprio corpo já amortecido, pois era já de quase cem anos, nem tampouco para o amortecimento do ventre de Sara.***

20 ***E não duvidou da promessa de Deus por incredulidade, mas foi fortificado na fé, dando glória a Deus,***
21 ***E estando certíssimo de que o que ele tinha prometido também era poderoso para o fazer.***
22 ***Assim isso lhe foi também imputado como justiça.***

Quem tem fé forte e inabalável é cheio de esperança e capaz de arrostar todas as dificuldades, ainda que rodeado de pessoas incrédulas, desconfiadas do acerto que a inspiração leva a fazer. Muitas vezes segue sozinho ou à frente de companheiros desanimados, mas é perseverante no objetivo a alcançar. Não reclama dos obstáculos ou do cansaço, encontrando na própria fé as forças necessárias à superação. Sabendo que Deus é todo-poderoso e que Suas promessas de amor e de felicidade podem e serão concretizadas, persevera até o fim e torna-se vitorioso, recebendo o galardão lhe é entregue como ato de justiça divina. E em assim sendo, torna-se exemplo vivo para a sua descendência, para os mais ignorantes e fracos, de modo que igualmente possam crer e se fortificar na obra que devem fazer para o bem.

23 ***Ora, não só por causa dele está escrito, que lhe fosse tomado em conta,***
24 ***Mas também por nós, a quem será tomado em conta, os que cremos naquele que dentre os mortos ressuscitou a Jesus nosso Senhor;***
25 ***O qual por nossos pecados foi entregue, e ressuscitou para nossa justificação.***

Tudo que consta como prometido a Abraão e por este se concretizou foi narrado nas escrituras para que o fato servisse de alento e motivação a todos os judeus, para que a descendência continuasse cheia de esperança num mundo mais feliz. Mas diz Paulo que da mesma forma os cristãos devemos crer em Deus, inspirados que somos por Jesus, que não só suportou as aflições deste mundo para nos legar os ensinamentos da lei divina, mas ressuscitou da morte física para, em espírito, dar a todos a evidência da imortalidade e da vida futura, para que a nossa fé em suas palavras e no Deus amoroso pudesse ser robusta e nos incentivasse a prosseguir nas lutas de aprimoramento, vivenciando o bem, amando e perdoando sempre, até que possamos desfrutar da sua promessa de bem-aventuranças no Reino de Deus.

ROMANOS 5

1 Tendo sido, pois, justificados pela fé, temos paz com
Deus, por nosso Senhor Jesus Cristo;
2 Pelo qual também temos entrada pela fé a esta graça,
na qual estamos firmes, e nos gloriamos na esperança da glória
de Deus.

QUANDO ORGULHOSOS E EGOÍSTAS achamos que a nossa felicidade depende de sermos agradados e atendidos nos nossos desejos. Se não somos, agimos com violência contra quem se recusa e pela força tomamos o que achamos conveniente. Mas o mal só gera mais violência e revolta, de modo que logo deixamos de desfrutar do prazer injustamente alcançado, porque nosso tempo é dedicado a confrontar os inimigos ou deles fugir. Sucumbindo nessa guerra ou extenuados de tantas lutas e vigilância, nos damos conta de que nada disso vai nos proporcionar a verdadeira felicidade. Começamos a refletir sobre o amor e o perdão de Deus, sobre ser este a real saída do sofrimento, e uma nova fé instala a alegria no nosso coração. Arrependidos e abençoados pela oportunidade de reparação e interiormente renovados, ajustamo-nos ao cumprimento da lei - esse o sentido de justificados - e começamos a desfrutar de uma paz dantes inimaginável. E, certos de que seguindo o Senhor Jesus estamos no caminho para a verdade e a vida, permanecemos firmes e perseverantes, cheios de esperança em dias cada vez mais gloriosos com Deus.

> **3** ***E não somente isto, mas também nos gloriamos nas tribulações; sabendo que a tribulação produz a paciência.***
> **4** ***E a paciência a experiência, e a experiência a esperança.***
> **5** ***E a esperança não traz confusão, porquanto o amor de Deus está derramado em nossos corações pelo Espírito Santo que nos foi dado.***

Os materialistas não agradecem nem mesmo as vitórias; acham que estas decorrem das próprias habilidades. O crente louva o sucesso e reconhece-o como bênção divina; alguns se referem ao sofrimento como "vontade" de Deus. O ser espiritualizado a tudo dá graças, pois compreende e aceita que a misericórdia divina só lhe permite o que é necessário e importante ao seu crescimento. O espiritismo ensina que as tribulações servem ao desenvolvimento das virtudes e que o aprendizado delas decorrente soma experiência, tornando o espírito mais inteligente e emocionalmente equilibrado. Esse avanço do conhecimento espiritual permite uma visão mais ampla da vida, uma confiança e uma certeza no amor de Deus entre nós derramado pelo espírito puro (santo) que por Ele nos foi dado

– Jesus –, de tal modo que caminhamos alegres e cheios de esperança num futuro de paz e felicidade duradouras.

6 ***Porque Cristo, estando nós ainda fracos, morreu a seu tempo pelos ímpios.***

7 ***Porque apenas alguém morrerá por um justo; pois poderá ser que pelo bom alguém ouse morrer.***

8 ***Mas Deus prova o seu amor para conosco, em que Cristo morreu por nós, sendo nós ainda pecadores.***

Mais fácil encontrarmos quem entregue a própria vida para salvar pessoas que ama ou pessoas boas e justas, porque nesse caso se presume serem merecedoras. Mas deixamos à própria sorte o mau em perigo ou em sofrimento, porque imaginamos que sua vida não compensa o esforço que façamos por ele. Jesus, porém, no seu sacrifício extremo pela humanidade descrente e ainda em erro, nos ensinou a estender a mão a quem quer que esteja em necessidade, até mesmo ao inimigo, atitude que revela a caridade em seu mais alto grau; não veio apenas para os bons e sadios, mas principalmente para os doentes e os equivocados, não só para os judeus, mas para todos os povos. Sobre essa questão, o espiritismo argumenta que o perverso de hoje alcançará a redenção e, após inúmeras reencarnações, também se tornará uma pessoa de bem. E assim como nós, ainda imperfeitos, fomos agraciados pela crença cristã, a nossa bondade para com os revoltados pode ser justamente o despertar do seu crescimento moral.

9 ***Logo muito mais agora, tendo sido justificados pelo seu sangue, seremos por ele salvos da ira.***

10 ***Porque se nós, sendo inimigos, fomos reconciliados***

com Deus pela morte de seu Filho, muito mais, tendo sido já reconciliados, seremos salvos pela sua vida.

11 ***E não somente isto, mas também nos gloriamos em Deus por nosso Senhor Jesus Cristo, pelo qual agora alcançamos a reconciliação.***

Os judeus, ao tempo de Jesus, permaneciam afastados da real fidelidade a Deus. A religião era motivo de soberba e de conflitos por opiniões e práticas diferenciadas. Quem pensava o contrário - judeu ou pagão - era um desafeto, merecendo ser desprezado e menosprezado. E por causa disso tornaram-se inimigos de Deus - já que não faziam a Sua vontade - um Deus que para eles era de justiça e de ira, mais temido do que amado. O Criador, no entanto, nunca perdeu a sua condição de Pai amoroso e Jesus veio exatamente para promover esse entendimento e convidar todos à reconciliação e ao retorno ao colo divino. E se o sacrifício e a morte de Jesus permitiram a muitos a reconciliação com Deus, pelo seu exemplo máximo de amor, renúncia e perdão, possibilitando que desfrutassem de sinceras alegrias da alma, mais ainda a felicidade se torna intensa e verdadeira quando agora podemos melhor viver como Jesus nos ensinou e cumprir a lei divina.

12 ***Portanto, como por um homem entrou o pecado no mundo, e pelo pecado a morte, assim também a morte passou a todos os homens por isso que todos pecaram.***

Paulo se vale da crença entre os judeus de que a humanidade começou com Adão e de que nele está a causa de todos os males das criaturas, por ter comido a fruta proibida no Jardim do Éden. Durante séculos as religiões sustentaram esse dogma, mas que agora é confrontado pela ciência e os estudos sobre a origem e evolução das espécies. O espiritismo nos ensina que Adão é uma alegoria e sua essência é que os espíritos foram criados pela vontade de Deus, desprovidos do conhecimento, e compelidos a adquirir a sabedoria e o amor pelo esforço, pelo trabalho na Terra ou em outros planetas, uma lei natural à qual todos estamos sujeitos. Os erros em que nos mantemos - na fala do Apóstolo expressados como pecado e morte - são heranças morais de nós mesmos, da nossa individualidade ainda ignorante. Se "pecamos" juntos, é porque ainda nos encontramos no mesmo patamar de inferioridade e desejo, de modo que não podemos nos livrar da nossa responsabilidade projetando nossa culpa em outras pessoas, de agora ou do passado.

13 ***Porque até à lei estava o pecado no mundo, mas o pecado não é imputado, não havendo lei.***

Viviam os humanos primitivos em consciência de sono, porquanto espíritos ainda próximos da animalidade e preocupados apenas com a sobrevivência física. Portadores de uma inteligência rudimentar e sem instrução espiritual, para a qual ainda não estavam prontos, não tinham condições de refletir sobre o certo e o errado. Viviam à força dos instintos e matar o semelhante para não morrer era natural. Com o tempo e a inteligência desenvolvida pela necessidade, espíritos bons enviados por Jesus reencarnaram para ensinar sobre o bem e a ordem, estabelecendo regras de convivência social. Surge a responsabilidade, pela qual cada indivíduo é compelido ao reajustamento pessoal e social, bem como à reparação dos danos que causou. Antes do aprendizado da lei e do seu registro na consciência, não poderia o espírito ser considerado em erro, criança espiritual que era. Agora, não mais.

> 14 No entanto, a morte reinou desde Adão até Moisés, até sobre aqueles que não tinham pecado à semelhança da transgressão de Adão, o qual é a figura daquele que havia de vir.

Desde o princípio, as criaturas permaneciam mortas para os conhecimentos morais e espirituais, porque a inteligência e os sentimentos eram pouco desenvolvidos. Não obstante, todas estavam sujeitas à lei divina, não importando a natureza dos seus enganos. O "pecado" de Adão apenas representava, e ainda representa, a nossa falibilidade, causa das nossas quedas nas tentações, internas ou externas. Moisés é o espírito que Deus enviou para falar da Sua lei aos judeus, num tempo em que a humanidade já havia alcançado maturidade intelectual e estava em condições de ouvir as regras divinas (os Dez Mandamentos) que os despertariam para a vida moral, com a prática do bem e o respeito ao próximo. Ampliava-se a consciência, o livre-arbítrio, as possibilidades de uma vida melhor, mas o conhecimento da lei agora implicava em se assumir as consequências pelas más escolhas. Adão representa, identifica o homem imperfeito - o ser humano - e não poucas vezes Jesus, aquele que havia de vir para o nosso bem, a si mesmo se referiu como "filho do homem", para demonstrar que ele não era um deus ou um ser à parte, mas um irmão de humanidade que vinha para nos mostrar o que fazer para nos libertarmos dos equívocos e caminharmos logo para Deus.

***15** Mas não é assim o dom gratuito como a ofensa. Porque, se pela ofensa de um morreram muitos, muito mais a graça de Deus, e o dom pela graça, que é de um só homem, Jesus Cristo, abundou sobre muitos.*

Se somos responsáveis individualmente pelas nossas atitudes e suas consequências, é sem dúvida que podemos nos contaminar uns aos outros como vírus que se espalham infectando corpos vulneráveis. Ódio e preconceito se disseminam em mentes primitivas e frágeis, que se sintonizam entre si, gerando agressividade e prejuízos de variada natureza. No entanto, o poder das sombras não se compara com as forças do amor, que é capaz de cobrir a multidão dos nossos enganos. Por isso, a graça da palavra e do exemplo de um só homem, Jesus Cristo, foi capaz de frutificar centuplicadamente e ainda hoje permanece florescendo nos corações das criaturas, enquanto os ofensores passaram e passam, esquecidos no tempo, como pesadelos sombrios que não se quer lembrados.

***16** E não foi assim o dom como a ofensa, por um só que pecou. Porque o juízo veio de uma só ofensa, na verdade, para condenação, mas o dom gratuito veio de muitas ofensas para justificação.*

E tão grande é o amor divino que não faz qualquer diferença entre os espíritos e suas faltas, que apenas revelam a nossa ignorância quanto à lei. Todos seremos agraciados pela oportunidade de redenção e após esta seremos considerados reabilitados perante a lei de justiça e aptos a ingressar no Reino dos Céus. Cometendo pequenos ou grandes, poucos ou muitos erros, em qualquer hipótese continuamos sendo filhos de Deus e destinados a desfrutar da felicidade perene. É uma graça abundante e gratuita, no sentido de que é disponível a todos, sem privilégios quaisquer, mas que não dispensa a nossa vontade e nem o nosso esforço de evoluir pelo estudo e pelo trabalho incessante no bem. Evidente que, quanto mais enganos, mais dolorosa e demorada será a reparação, razão pela qual o espírito consciente age de tal maneira a ofender cada vez menos a lei divina, assim desde logo guardando a paz e a alegria no coração.

> ***17** Porque, se pela ofensa de um só, a morte reinou por esse, muito mais os que recebem a abundância da graça, e do dom da justiça, reinarão em vida por um só, Jesus Cristo.*
> ***18** Pois assim como por uma só ofensa veio o juízo sobre todos os homens para condenação, assim também por um só ato de justiça veio a graça sobre todos os homens para justificação de vida.*
> ***19** Porque, como pela desobediência de um só homem, muitos foram feitos pecadores, assim pela obediência de um muitos serão feitos justos.*

O mal não tem existência real e nem estará conosco para sempre. É só a ausência do bem, como a sombra é apenas a ausência da luz. Na verdade, o que chamamos de mal é a concentração do bem em nós mesmos - o egoísmo é a sua mais profunda expressão. É uma condição passageira do espírito ainda imperfeito e nessa fase o ego centrado em si mesmo quer felicidade imediata e a todo custo, não importando se espalha dor e morte. Sujeito à lei e à justiça que regem o Universo, o indivíduo, naturalmente ou por força do sofrimento experimentado - lei de causa e efeito -, reconsidera o modo de ser, abandona as tendências infelizes e as más companhias, buscando agora um caminho mais iluminado. Assim, se o erro e o crime continuam reinando sobre a Terra, é porque o nosso mundo ainda é morada de espíritos apegados aos instintos e às paixões sensuais. No entanto, a luz do mundo é Jesus Cristo e ele segue à frente com a candeia divina do Evangelho, clareando a estrada de nossas vidas para que não mais claudiquemos. O ladrão (o mal) não vem senão para matar e roubar, mas Jesus veio para que tenhamos vida em abundância (João, 10:10). Se formos obedientes à lei divina (o Evangelho), com certeza conseguiremos nos libertar das sombras e andar em amor e justiça uns para com os outros.

> **20** ***Veio, porém, a lei para que a ofensa abundasse; mas, onde o pecado abundou, superabundou a graça;***

A percepção do mal em nós aumenta na medida em que conhecemos a verdade. Se na ignorância admitimos e justificamos nossos atos de crueldade, quando conscientes da lei divina recriminamos até mesmo os pensamentos inferiores. Natural, portanto, que percebamos o tamanho da nossa sombra, ante a grandeza de Deus. Não somos mais tão bons quanto achávamos que éramos. Mas a presença do Amor Divino mais se identifica onde a necessidade é maior. Perante doentes mais graves há mais dedicação e recursos curativos. Os filhos mais rebeldes recebem dos pais maior cota de cuidado, para que não se percam definitivamente. Então, a misericórdia de Jesus é abundante de graças a todos nós espíritos inferiores, convidando-nos incessantemente ao aprimoramento, à renovação interior, através das inúmeras oportunidades de praticarmos o bem. Se bem aproveitarmos as bênçãos que o Senhor nos oferece incessantemente, refletindo, analisando e trabalhando sempre, logo estaremos na Sua luz.

ROMANOS 6

1 ***Que diremos pois? Permaneceremos no pecado, para que a graça abunde?***

2 ***De modo nenhum. Nós, que estamos mortos para o pecado, como viveremos ainda nele?***

O FATO DE ACREDITARMOS no amor infinito de Deus para conosco não nos serve de justificativa para prosseguirmos acomodados na vida de enganos e luxúria, porquanto a nossa resistência à renovação implicará em sofrermos as consequências impostas pela lei de causa e efeito. Ao contrário do que aqui fazemos quando crianças e adolescentes, abusando de pais bondosos, mas que ainda não sabem aplicar os adequados processos educativos, Deus não altera uma vírgula da Sua lei para atender aos nossos caprichos infantis e apelos indevidos, por mais lacrimosos que sejam. Quem realmente aceita a lei Divina se esforça para nela se enquadrar, porque sabe que é boa e promove felicidade. Não mais se conforta com o passado sombrio, não mais sintoniza com os companheiros de ilicitudes e tem em Jesus a sua nova e permanente companhia, sem o qual não mais consegue viver.

3 Ou não sabeis que todos quantos fomos batizados em Jesus Cristo fomos batizados na sua morte?

4 De sorte que fomos sepultados com ele pelo batismo na morte; para que, como Cristo foi ressuscitado dentre os mortos, pela glória do Pai, assim andemos nós também em novidade de vida.

O batismo é um simbolismo de algumas religiões, significando não só a aceitação da nova crença como também o abandono do passado, a morte do homem velho. Alguns até deixam o nome, a família e o patrimônio, atitude em verdade dispensável, pois o que interessa é a transformação interior do espírito, com o uso adequado das coisas, o aproveitamento das oportunidades para o aprendizado e o desejo de uma relação interpessoal fraternal e respeitosa. O convite de Jesus é para a renovação constante. Ao aceitá-lo, sepultamos a vida nociva de hábitos infelizes e danosos, que ficam como lições somadas à experiência. Então, ressuscitamos e passamos a andar em novidade, ansiosos pelo conhecimento da verdade e pela vivência sadia, procurando ser exemplo da glória de Deus, para a nossa própria edificação.

5 Porque, se fomos plantados juntamente com ele na semelhança da sua morte, também o seremos na da sua ressurreição;

Jesus é a árvore da vida plantada na Terra, para que estejamos alimentados pela eternidade. Sua floração bendita rendeu frutos nos corações das criaturas e muitas já foram sacrificadas para que o amor se engrandecesse. À semelhança do Cristo, igualmente padeceram e morreram na vivência dos seus ensinamentos e na pregação. Os cristãos primitivos, entusiasmados pela fé nova, seguiam destemidos aos suplícios da cruz ou das feras - hoje não mais necessários -, na certeza de que, como ele, também ressuscitariam em espírito e encontrariam a felicidade eterna. Porque a promessa de Jesus é exatamente a de que iria primeiro para nos preparar o lugar no Reino de Deus, mas certamente para aqueles que seguirem os seus passos e fizerem como ele.

> **6** ***Sabendo isto, que o nosso homem velho foi com ele crucificado, para que o corpo do pecado seja desfeito, para que não sirvamos mais ao pecado.***
>
> **7** ***Porque aquele que está morto está justificado do pecado.***
>
> **8** ***Ora, se já morremos com Cristo, cremos que também com ele viveremos;***

O morto para as coisas espirituais vive na Terra para o gozo e as ilicitudes morais, utilizando-se aqui do corpo carnal para a manifestação da concupiscência do espírito, no qual reside a vontade e o desejo. Se o corpo tem suas necessidades e a força do instinto, ao espírito cabe o esforço e a disciplina para usá-lo adequadamente, não se permitindo os abusos dos prazeres - o pecado. Quem aproveitou o exemplo de Jesus, de amor e renúncia até a crucificação, faz o mesmo e mata em si o homem velho de imperfeições, entregando-se à cruz da dor pela abstinência dos hábitos de outrora, na certeza de que ressuscitará luminoso. Com isso, encontra a redenção e o acolhimento divino – a justificação –, para que agora possa desfrutar da vida imperecível, sendo um com Jesus e Deus.

> **9** ***Sabendo que, tendo sido Cristo ressuscitado dentre os mortos, já não morre; a morte não mais tem domínio sobre ele.***

A certeza de que Jesus realmente era o messias e de que seus ensinamentos eram verdadeiros dependia da ressurreição. Para o espiritismo, Jesus retornou em espírito, fez-se visível e dialogou com os discípulos e o povo. Um fenômeno natural e que é possível graças ao perispírito, o corpo espiritual que todos possuímos e que sobrevive à morte do corpo carnal. Se o Cristo não tivesse ressurgido, suas palavras e promessas se perderiam na pouca fé e na fraqueza dos próprios discípulos. Retornando, Jesus deu às suas palavras a credibilidade necessária, estimulou a fé e a coragem e garantiu a todos que somos imortais. A morte, então, deixa de ser a terrível ceifadora da vida; o crente não mais a teme e investe na amizade, no perdão e na prática da caridade, sabendo que esses valores são libertadores e nunca se perderão.

> **10** ***Pois, quanto a ter morrido, de uma vez morreu para o pecado; mas, quanto a viver, vive para Deus.***
> **11** ***Assim também vós considerai-vos como mortos para o pecado, mas vivos para Deus em Cristo Jesus nosso Senhor.***

Para a doutrina espírita, Jesus é o espírito puro a quem Deus outorgou a nossa condução na Terra para o caminho da felicidade. Desde a origem do planeta Jesus já era morto para o pecado (equívocos), não mais portava qualquer imperfeição e se fez um com o Pai. Esteve na Terra para estabelecer conosco vínculos permanentes e ser o símbolo entre nós e o Criador - ser o nosso modelo e guia. Paulo não poderia na época ter a compreensão da plenitude do Cristo e considerou que o seu sacrifício extremo, a sua morte o liberava dos enganos do mundo e que desde então vivia para Deus. O Apóstolo tinha a certeza da imortalidade do Senhor, não só pelos relatos do Evangelho quanto à ressurreição, mas porque ele mesmo a constatou às portas de Damasco. Por isso, sua recomendação para os romanos era de que deveriam viver como Jesus, morrendo para os vícios e a imoralidade, deixar os enganos e a futilidade e viver com Deus na exemplificação do Mestre.

12 ***Não reine, portanto, o pecado em vosso corpo mortal, para lhe obedecerdes em suas concupiscências;***
13 ***Nem tampouco apresenteis os vossos membros ao pecado por instrumentos de iniquidade; mas apresentai-vos a Deus, como vivos dentre mortos, e os vossos membros a Deus, como instrumentos de justiça.***

O convite de Paulo, válido ontem e hoje, é para que avancemos nas conquistas espirituais. Nossa longa trajetória evolutiva, pelas múltiplas reencarnações nos corpos físicos, converteu a necessidade em abundância, porque passamos a querer desfrutar em excesso dos gozos que nos são permitidos pelas sensações e os prazeres da carne. E para o usufruto do espírito, sede das nossas percepções, valemo-nos do corpo que nos é concedido e o malbaratamos com abusos de todos os tipos, servindo-nos dele como instrumento de iniquidade e de dor, para o próximo e para nós próprios. Contudo, não nos importando em caminhar como vivos espirituais entre os mortos na carne, devemos utilizar os nossos corpos para fazer apenas o que for bom e justo para o próximo e para o mundo, porque assim nossa consciência estará tranquila para se apresentar a Deus.

14 ***Porque o pecado não terá domínio sobre vós, pois não estais debaixo da lei, mas debaixo da graça.***

15 ***Pois quê? Pecaremos porque não estamos debaixo da lei, mas debaixo da graça? De modo nenhum.***

Deus governa o Universo por leis eternas, que regulam a natureza e a vida dos espíritos. Nossa felicidade depende do exato cumprimento das leis, que são amorosas e nos conduzem à purificação. Quando nos afastamos do bem, deixando-nos dominar pelos vícios materiais ou morais, a lei nos submete ao reajustamento e sofremos as consequências das nossas escolhas infelizes. Os de corações endurecidos se revoltam, complicando a própria vida e agravando o sofrimento; os arrependidos suportam melhor a expiação e a reparação dos danos que causaram, aprendem a lição e avançam mais facilmente para Deus. Porém, aqueles que já se encontram agraciados pela consciência do bem e a fé firme, submetendo-se à lei com naturalidade e alegria, vestem reluzente armadura que os protege dos petardos do mal, que de modo nenhum consegue dominá-los.

16 ***Não sabeis vós que a quem vos apresentardes por servos para lhe obedecer, sois servos daquele a quem obedeceis, ou do pecado para a morte, ou da obediência para a justiça?***

17 ***Mas graças a Deus que, tendo sido servos do pecado, obedecestes de coração à forma de doutrina a que fostes entregues.***

18 E, libertados do pecado, fostes feitos servos da justiça.

O indivíduo posto aos serviços de alguém, compelido ou espontaneamente, deve ser obediente ao seu senhor e fazer a sua vontade. O servo dos vícios, porém, é dominado, explorado e humilhado, porque o mal é constrangedor e não aceita insubordinação. Cansado do sofrimento, o servo agita-se e sonha libertar-se, conhecer o Senhor da Vida, mas quando dá conta de que a este também deve obediência e justiça, reluta entre as sombras que escondem e a luz que revela as suas deficiências e fraquezas. Por um tempo não sabe o que fazer, até que a intensa dor e a dureza do mau senhor o impelem a romper as correntes e experimentar a renovação, para isso recorrendo à força e à coragem que lhe restam. Agora entregue à doutrina do novo Senhor, e percebendo que Ele, embora justo, é amoroso e bom, alegra-se com o bem-estar que experimenta na vivência da lei, seu coração se sente livre e leve, e então obedece feliz.

19 Falo como homem, pela fraqueza da vossa carne; pois que, assim como apresentastes os vossos membros para servirem à imundície, e à maldade para maldade, assim apresentai agora os vossos membros para servirem à justiça para santificação.

Com o espiritismo aprendemos que o espírito é o ser causal e que o corpo físico é o veículo do qual se utiliza durante a reencarnação. Certo que o corpo carnal, organizado para a vida na Terra ao longo dos milênios, tem suas necessidades e clama do espírito a satisfação, especialmente quanto à proteção, nutrição e procriação. Mas ao espírito cabe o esforço de utilizar sua inteligência para superar o instinto, controlar as sensações e disciplinar as emoções, conquistando virtudes sublimadas. O espírito imaturo – ainda ignorante da verdade – usa o corpo para a maldade e para a sensualidade. Mas o ser renovado pelo conhecimento cristão busca a santificação pela disciplina e o trabalho, direcionando seus membros para servirem à justiça e ao bem.

> **20** ***Porque, quando éreis servos do pecado, estáveis livres da justiça.***
>
> **21** ***E que fruto tínheis então das coisas de que agora vos envergonhais? Porque o fim delas é a morte.***

Quando no erro e na dureza do coração, nos sentimos livres da justiça da lei divina e achamos que por ela não seremos alcançados, assim como um criminoso vulgar pensa que nunca será surpreendido pela polícia. Os materialistas, céticos e sensuais não acreditam em Deus ou duvidam que Ele se preocupe com as nossas querelas da vida. Contudo, despertados pelas lições do Evangelho – em regra depois de atrozes sofrimentos –, olhamos para trás e nos envergonhamos de ter cometido tantas barbaridades. Culpa e remorso atingem-nos profundamente. Lamentamos o prejuízo causado ao próximo e a nós mesmos. Entrevemos a necessidade da reparação e nos amedrontamos ante as lutas que nos aguardam. Mas todas essas coisas morrem em nós quando nos tornamos uma nova pessoa, mais consciente da justiça e da misericórdia divinas. Compreendemos que tudo na vida tem sua utilidade e que o mal nada mais é do que o processo para se alcançar a luz, assim como o carvão se submete à pressão dos tempos para se tornar uma pedra preciosa.

> **22** ***Mas agora, libertados do pecado, e feitos servos de Deus, tendes o vosso fruto para santificação, e por fim a vida eterna.***

23 ***Porque o salário do pecado é a morte, mas o dom gratuito de Deus é a vida eterna, por Cristo Jesus nosso Senhor.***

Todos almejamos a felicidade perene, mas sem o pleno e exato entendimento da lei não sabemos fazer as escolhas justas. O ego centrado em si mesmo entende que tudo e todos devem satisfazê-lo e para isso, se for preciso, impõe dominação e sofrimento. Contudo, não percebe que ao mesmo tempo torna-se escravo das próprias sombras, enrodilhado pelos pensamentos agressivos e pelas emoções destrambelhadas. Aos poucos dá-se conta de que não é feliz de verdade, porque vive no ciclo fechado do prazer e da carência. Sofrendo - embora não o admita -, terminará sucumbindo no desespero e na loucura, assim ingressando no doloroso tratamento que curará a alma. O mal interior entra em falência e morte e o indivíduo dele se liberta e busca em Jesus os frutos saborosos e nutritivos da árvore da vida, nos jardins santificados de Deus, que a todos franqueia seus portões para o desfrute da felicidade.

ROMANOS 7

> ***1 Não sabeis vós, irmãos (pois que falo aos que sabem a lei), que a lei tem domínio sobre o homem por todo o tempo que vive?***

HÁ LEI HUMANA E há lei de Deus. As leis da Terra servem para disciplinar a vida enquanto aqui estamos e nem sempre são justas. Podemos ludibriá-las ou delas fugir, porque os seus mecanismos são imperfeitos, assim como são imperfeitas as pessoas que as criam e executam. Mas as leis de Deus são perfeitas, justas, boas e a elas o espírito está sujeito desde o princípio e para sempre, uma vez que é imortal, mesmo nelas não acreditando. Quem se imagina isento de responsabilidades perante a Divindade será surpreendido quando obrigado à prestação de contas, nesta vida ou no futuro. Mas quem vive sob a lei, embora compelido à disciplina e aos rigores do proceder, logo colherá paz e harmonia, sabedoria e amor. Conforme ensina a doutrina espírita, o espírito só será feliz quando cumprir a lei de Deus, sendo infeliz quando dela se afasta (questão 614 de *O Livro dos Espíritos*).

2 ***Porque a mulher que está sujeita ao marido, enquanto ele viver, está-lhe ligada pela lei; mas, morto o marido, está livre da lei do marido.***

Numa leitura isolada do versículo, pode parecer que o apóstolo Paulo estabelecia uma regra. No entanto, o que ele faz é aproveitar a determinação da lei judaica para reforçar os seus ensinamentos, como veremos a seguir. No tempo de Jesus, a mulher desempenhava um papel inferior e tinha poucos direitos. No casamento, estava sujeita integralmente à palavra do marido e dele não poderia se divorciar, embora fosse isso permitido ao marido. Dentre outras restrições, não tinha acesso às escrituras sagradas e nem podia interpretá-las. Jesus alterou esse panorama, permitindo a presença da mulher em seu meio e sendo misericordioso para com elas. Paulo, embora guardasse o pensamento de uma sociedade patriarcal, não fazia qualquer restrição à participação das mulheres nas atividades religiosas, como se depreende de várias passagens em suas epístolas (Romanos, 16). Para o espiritismo, homem e mulher têm os mesmos direitos e deveres, respeitadas, porém, as funções especiais apropriadas às suas características físicas. De outro aspecto, não é contra o divórcio - que só legaliza a separação de fato -, mas recomenda todo esforço possível para a convivência fraternal, tolerante e amorosa.

3 De sorte que, vivendo o marido, será chamada adúltera se for de outro marido; mas, morto o marido, livre está da lei, e assim não será adúltera, se for de outro marido.

4 Assim, meus irmãos, também vós estais mortos para a lei pelo corpo de Cristo, para que sejais de outro, daquele que ressuscitou dentre os mortos, a fim de que demos fruto para Deus.

Enquanto casada, a mulher estava constrangida a viver com o marido, ainda que isso lhe fosse motivo de sofrimento. Mas morto o marido, então estava livre para uma nova união ou para seguir o caminho que melhor considerasse. Paulo se aproveita dos rigores da lei judaica para explicar que aquele que vive com os enganos é como se casado fosse com um marido dominador e do qual só se livra pela sua morte. Por isso, para escapar das duras consequências da lei e alcançar liberdade, é preciso deixar que morram as más tendências íntimas e os vícios da carne. Exatamente era isso que ocorria com os cristãos, que abandonavam à morte o homem velho e ressuscitavam livres e ansiosos para se converterem em árvores produzindo frutos do bem e do amor para Deus, cada um segundo as próprias possibilidades; porque adúlteros e infratores da lei seriam se desejassem a convivência com Jesus ainda em íntimo matrimônio com o passado delituoso.

5 Porque, quando estávamos na carne, as paixões dos pecados, que são pela lei, operavam em nossos membros para darem fruto para a morte.

Quando ainda dominados pelos instintos e as paixões, utilizamo-nos das nossas possibilidades, recursos e dos nossos corpos para realizar os nossos desejos inferiores, gerando conflitos, destruição e morte. Porque ignorantes da lei, consideramos aceitável fazer prevalecer os nossos interesses e necessidades sobre as necessidades do próximo. Esse tipo de conduta identifica a imperfeição que chamamos de egoísmo. O sofrimento decorrente dos conflitos nos faz amadurecer e passamos a refletir sobre a inconveniência das atitudes egoísticas e violentas. Descobrimos, então, aos poucos, que nossos relacionamentos também são regidos por uma lei superior e infalível, e que é bom segui-la. Ensina o espiritismo que essa lei está na nossa consciência e na natureza, e que poderemos compreendê-la se nos ocuparmos em observar e meditar sobre ela.

> 6 ***Mas agora temos sido libertados da lei, tendo morrido para aquilo em que estávamos retidos; para que sirvamos em novidade de espírito, e não na velhice da letra.***
> 7 ***Que diremos pois? É a lei pecado? De modo nenhum. Mas eu não conheci o pecado senão pela lei; porque eu não conheceria a concupiscência, se a lei não dissesse: Não cobiçarás.***

Na infância espiritual, vivemos limitados por uma consciência ainda imatura e cuja ignorância não permite a exata compreensão do bem e do mal. Só muito lentamente, geralmente impulsionados pelas dificuldades e pelo sofrimento, despertamos e amadurecemos. Também, periodicamente, Deus nos envia Seus ministros para nos ensinar a Sua lei ou nos fazer relembrá-la e bem compreendê-la. Nesse ponto evolutivo, somos levados a rever as nossas condutas, até então aceitas com naturalidade, compreendendo melhor que não são compatíveis com o bem e o amor. Antes de Moisés os judeus eram idólatras, mas com a lei divina apresentada ao seu profeta deixaram a ignorância e o que admitiam correto agora tornou-se um "pecado", uma infração à Lei de Deus. Mas porque davam à lei uma interpretação literal e particular, veio Jesus pessoalmente para apresentar um sentido mais amplo e convidar o povo à vivência em espírito. Como ele mesmo disse, "não vim destruir a lei, mas lhe dar cumprimento" (Mateus 5:17). Antes do Mestre andávamos aprisionados numa visão restrita e míope da lei divina, mas o Evangelho operou em nós uma revolução, e passamos a viver conforme a novidade cristã.

> 8 ***Mas o pecado, tomando ocasião pelo mandamento, operou em mim toda a concupiscência; porquanto sem a lei estava morto o pecado.***
> 9 ***E eu, nalgum tempo, vivia sem lei, mas, vindo o mandamento, reviveu o pecado, e eu morri.***

Diante do convite da lei é natural o conflito e a dúvida, porque mais confortável é ignorar do que ter de mudar de vida, abdicar dos prazeres aos quais estamos acostumados e assumir responsabilidades. Procuramos resistir e nos entregamos ainda mais aos vícios. Porém, ignorar a lei não implica em sua não existência. E o mal exacerbado carrega em si a própria morte e nesse momento a misericórdia divina se faz presente e nos convida à resistência e à renovação, porque o progresso é lei inevitável. Cada etapa vencida ganha ares de uma morte, no sentido de deixar de ser. Morrem pensamentos ultrapassados, morrem atitudes agressivas, morrem conflitos emocionais, avançando o espírito para a vida elevada. É um novo ser, renascido de si mesmo, como a borboleta da lagarta: mais leve, mais belo, mais sábio e mais amoroso, que em nada faz lembrar aquele que vivia rastejando e obscurecido pelo "pecado".

10 E o mandamento que era para vida, achei eu que me era para morte.

11 Porque o pecado, tomando ocasião pelo mandamento, me enganou, e por ele me matou.

12 E assim a lei é santa, e o mandamento santo, justo e bom.

13 Logo tornou-se-me o bom em morte? De modo nenhum; mas o pecado, para que se mostrasse pecado, operou em mim a morte pelo bem; a fim de que pelo mandamento o pecado se fizesse excessivamente maligno.

Habituado à satisfação dos seus instintos e prazeres, o espírito imaturo se revolta contra tudo que seja obstáculo à sua felicidade. Contra os mais frágeis, é violento; contra os mais fortes, blasfema; contra o imponderável se perturba. Com foco centrado em si mesmo, é individualista, egoísta e indisciplinado, não aceitando as indispensáveis regras da vida em sociedade. Muito menos consegue admitir a possibilidade de se submeter a uma ordem divina, que considera má e contrária aos seus interesses, a morte dos seus prazeres. Mas o mal, trazendo em si mesmo a causa do sofrimento, opera a própria morte e o despertar da consciência do espírito. É que o conhecimento do bem só faz aumentar em nós a percepção do mal, que por isso se revela excessivo e insuportável. Só depois, quando perceber que o bem e a luz promovem a sua verdadeira felicidade, é que o indivíduo admitirá que os mandamentos da lei são justos e bons.

14 Porque bem sabemos que a lei é espiritual; mas eu sou carnal, vendido sob o pecado.

15 Porque o que faço não o aprovo; pois o que quero isso não faço, mas o que aborreço isso faço.

16 ***E, se faço o que não quero, consinto com a lei, que é boa.***

O processo evolutivo do espírito é lento e muitas vezes imperceptível. Há, porém, certos momentos em que a transição se revela bastante clara. É quando começamos a questionar o acerto ou o engano de nossas condutas. A cada ação refletimos sobre as suas consequências, para concordar ou discordar. No entanto, apesar dessa nova postura mental, com frequência nos pegamos fazendo aquilo que a nossa consciência já não aprova. Não desejamos, não mais queremos, mas ainda assim reincidimos. Isso se dá por força do hábito adquirido no longo tempo de reiteração da conduta velha. Se antes recusávamos a lei, hoje até admitimos que é espiritual, mas tentamos nos justificar que somos carne e dominados pelos prazeres e os vícios. Mas a lição de Paulo é norte seguro para percebermos que a lei é boa e correta: é fácil concluir que, se faço o que não aprovo, é que considero boas as novas regras que desejo seguir.

17 ***De maneira que agora já não sou eu que faço isto, mas o pecado que habita em mim.***
18 ***Porque eu sei que em mim, isto é, na minha carne, não habita bem algum; e com efeito o querer está em mim, mas não consigo realizar o bem.***
19 ***Porque não faço o bem que quero, mas o mal que não quero esse faço.***

Para o materialista, todo bem ou todo mal está na carne, porquanto não admite a alma. Difícil lhe seria, pois, resistir aos instintos e aos apelos do corpo. Na verdade, ainda que os instintos sejam uma força a requisitar a satisfação das necessidades da criatura, para a manutenção da vida e perpetuação da espécie, é sempre o espírito quem comanda o corpo. Na infância da alma, ainda ignorante e selvagem, são os instintos que garantem a vida na Terra e determinam a sua conduta. Sendo expediente divino, não é um mal em si mesmo; mas, conforme o avanço da inteligência e da moralidade, os sentimentos enobrecidos devem superar os instintos e as sensações, para que o espírito possa alçar voos a estágios mais sublimados. Com frequência, várias vezes vamos nos pegar fazendo aquilo que não mais desejamos, mas a força da carne não mais pode ser desculpa. Vontade e esforço, disciplina e ordem, paciência e perseverança são virtudes que devemos empregar para fazer aquilo que já queremos, conforme a Lei de Deus.

22 ***Porque, segundo o homem interior, tenho prazer na lei de Deus;***

Na medida em que temos sucesso em fazer aquilo que já desejamos, na conformidade com os ensinamentos de Jesus, uma alegria nos invade e nos estimula a avançar em novas e boas atitudes. O homem velho, ainda apegado aos desejos da carne, não mais nos agrada, porque é exigente e nos cobra permanente satisfação, esgotando as nossas forças. Mas Jesus disse que seu fardo é leve e seu jugo suave, porque, tendo como base a misericórdia e a justiça, nos solicita apenas o esforço possível para o bem e nos concede renovadas oportunidades para a redenção e o crescimento. Com o Mestre, deixamos de lado aquela falsa ideia de que Deus é juiz inclemente e punitivo, para compreendê-Lo como o Criador amoroso e que nos fez destinado à felicidade. Desde então, encontraremos sempre prazer em fazer o bem, na certeza de que isso nos conduzirá à liberdade e felicidade plena.

23 Mas vejo nos meus membros outra lei, que batalha contra a lei do meu entendimento, e me prende debaixo da lei do pecado que está nos meus membros.

24 Miserável homem que eu sou! quem me livrará do corpo desta morte?

25 Dou graças a Deus por Jesus Cristo nosso Senhor. Assim que eu mesmo com o entendimento sirvo à lei de Deus, mas com a carne à lei do pecado.

Paulo já era um espírito sincero e disciplinado, mas às vezes muito exigente, chegando a ser áspero. Por isso não se conformava com o fato de ainda não agir segundo os ensinamentos cristãos, o que iria conseguir ao longo das suas árduas experiências na pregação do Evangelho. Considerava-se por isso um miserável, um infeliz, porque mesmo sendo cristão ainda estava sujeito aos enganos e às paixões humanas, o que para ele significava uma verdadeira morte. Mas ao mesmo tempo dava graças a Deus porque sabia que com Jesus se livraria das forças do corpo, razão pela qual, apesar de tudo, prosseguia servindo a Deus com o entendimento que possuía da lei. Dessa forma, se já aceitamos Jesus e nos esforçamos na batalha contra as nossas más tendências, devemos perseverar sempre, na certeza de que ao final seremos vitoriosos sobre nós mesmos e felizes, porque este é o galardão reservado a todos os espíritos.

ROMANOS 8

1 ***Portanto, agora nenhuma condenação há para os que estão em Cristo Jesus, que não andam segundo a carne, mas segundo o espírito.***
2 ***Porque a lei do espírito de vida, em Cristo Jesus, me livrou da lei do pecado e da morte.***

QUANDO ANDAMOS SEGUNDO O espírito da lei divina não tememos nenhuma condenação, porque sabemos que, se só fazemos o bem, os frutos serão de paz e alegria. Mesmo que as situações sejam adversas, seguimos corajosos e com a consciência tranquila, confiantes e certos de que a felicidade prometida por Jesus não é para este mundo, conforme o seu sublime poema das bem-aventuranças, cantado no sermão do monte. Sem a crença na sobrevivência além do túmulo não há como se entender as palavras do Mestre, que não são compatíveis com a vida exclusivamente na Terra, onde o erro, o sofrimento e a morte física são inevitáveis. Quando despreocupados dos valores da alma, nossos interesses se fixam unicamente na satisfação dos nossos desejos e necessidades físicas, muitas vezes em detrimento do próximo. Vivemos, então, mortos para a vida espiritual e presos às consequências nefastas de nossas condutas infelizes, porque não há como nos furtarmos aos efeitos das causas. Mas, aceitando a Lei Divina e a praticando desde logo, nos livramos do mal e cultivamos uma vida honrada e cristã.

> 3 ***Porquanto o que era impossível à lei, visto como estava enferma pela carne, Deus, enviando o seu Filho em semelhança da carne do pecado, pelo pecado condenou o pecado na carne;***
>
> 4 ***Para que a justiça da lei se cumprisse em nós, que não andamos segundo a carne, mas segundo o espírito.***

Os espíritos rebeldes relutam em seguir a lei divina e persistem na degradação da alma pelos vícios humanos de toda natureza. A Lei de Deus apresentada ao povo por Moisés - os Dez Mandamentos - não mais encontrava ressonância nos corações dos judeus, mesmo com as sanções civis impostas pelo Profeta, porque a deturpavam segundo o próprio entendimento. A lei, também, por si só, não tinha o poder de transformar os corações e livrá-los do erro, porque esse é um movimento de dentro para fora. Como só o amor é capaz de cobrir a multidão dos nossos enganos, Jesus veio à Terra num corpo corruptível, fazendo-se homem como os homens do seu tempo, para relembrar a lei divina e demonstrar, àqueles que já desejam crescer para Deus, que é possível resistir à tentações da carne, evitar os deslizes e andar segundo os valores que engrandecem o espírito.

5 *Porque os que são segundo a carne inclinam-se para as coisas da carne; mas os que são segundo o espírito para as coisas do espírito.*

O sensual e o usurário evidenciam suas inclinações para as coisas da carne. Estão preocupados consigo mesmos e desprezam o próximo. De outro lado, os benevolentes e caridosos revelam que já vivem conforme a lei divina. Para estes, as coisas da carne não mais despertam o mesmo interesse e nem proporcionam real felicidade. Outros se encontram em transição: já ouviram a mensagem cristã e se inclinam a uma nova vida, mas os instintos e os prazeres mundanos ainda falam alto. Vão aos templos e também sentem a necessidade de atender à carne, de alguma forma. Esses constituem a grande maioria do planeta. Se desejamos de fato a nossa libertação, procuremos acompanhar aqueles que claramente demonstram viver segundo o espírito, para nos fortalecermos no seu exemplo.

6 *Porque a inclinação da carne é morte; mas a inclinação do espírito é vida e paz.*
7 *Porquanto a inclinação da carne é inimizade contra Deus, pois não é sujeita à lei de Deus, nem, em verdade, o pode ser.*
8 *Portanto, os que estão na carne não podem agradar a Deus.*

As referências que Paulo faz de Deus têm a ver com a crença de que o Criador guarda a condição humana e, por isso, seria passível de ser agradado ou contrariado. Compreensível para o povo e o contexto daquele tempo, muito embora ainda hoje seja esse o entendimento de muitos. O espiritismo ensina que Deus não é uma pessoa, mas a inteligência suprema e criou leis imutáveis que regem a vida nos planos material e espiritual, portanto, não se comove com as nossas ações. Viver segundo a carne é condição natural do espírito ainda infantil, primitivo. Mas a lei do progresso nos impulsiona para frente e quando resistimos, sofremos, pois a dor é um dos mecanismos para nos conduzir à purificação - vida plena e paz. Desagradamos a Deus, no sentido figurado, quando, conscientes do bem a fazer, insistimos no gozo exclusivo da carne e recusamos o esforço da disciplina, do trabalho, do aprendizado e da vivência do amor.

> **9** ***Vós, porém, não estais na carne, mas no espírito, se é que o espírito de Deus habita em vós. Mas, se alguém não tem o espírito de Cristo, esse tal não é dele.***
>
> **10** ***E, se Cristo está em vós, o corpo, na verdade, está morto por causa do pecado, mas o espírito vive por causa da justiça.***
>
> **11** ***E, se o espírito daquele que dentre os mortos ressuscitou a Jesus habita em vós, aquele que dentre os mortos ressuscitou a Cristo também vivificará os vossos corpos mortais, pelo seu espírito que em vós habita.***
>
> **12** ***De maneira que, irmãos, somos devedores, não à carne para viver segundo a carne.***
>
> **13** ***Porque, se viverdes segundo a carne, morrereis; mas, se pelo espírito mortificardes as obras do corpo, vivereis.***
>
> **14** ***Porque todos os que são guiados pelo espírito de Deus, esses são filhos de Deus.***

Paulo enfatiza a importância de deixarmos que habite em nós o espírito - o amor, a justiça e a caridade - de Deus, porque somente assim conseguiremos nos livrar das algemas das coisas materiais e dos prazeres sensuais, causas da nossa permanência no sofrimento. E se foi pelo "espírito" de Deus que Jesus esteve entre nós, ensinou, foi crucificado e ressuscitou, também assim para nós será possível se com Ele convivermos na intimidade. Porque Deus é o Pai - Criador de todas as coisas e de todos os espíritos - que a todos concede os mesmos recursos e oportunidades para a felicidade. No entanto, só poderemos ostentar o título de "filhos" de Deus quando, tendo deixado morrer em nós os instintos grosseiros, nos deixarmos guiar pelas Suas leis e nos esforçarmos para ser bem-aventurados.

15 ***Porque não recebestes o espírito de escravidão, para outra vez estardes em temor, mas recebestes o espírito de adoção de filhos, pelo qual clamamos: Aba, Pai.***

16 ***O mesmo espírito testifica com o nosso espírito que somos filhos de Deus.***

17 ***E, se nós somos filhos, somos logo herdeiros também, herdeiros de Deus, e co-herdeiros de Cristo: se é certo que com ele padecemos, para que também com ele sejamos glorificados.***

Estamos com Deus não na condição de servos ou escravos que temem o seu Senhor, mas de filhos bem-amados e cheios de Sua graça abundante, ainda quando andamos em sombras. A nossa condição de filhos de Deus faz presumir o nosso direito à sua herança. Mas, sendo Ele a misericórdia e justiça em perfeição, antecipou-nos a parte que nos toca em seu tesouro, para que desde logo pudéssemos desfrutar do que é o mais importante: o amor. Assim, trazemos conosco a essência da virtude divina, que nos enriquece a existência e nos impulsiona para as conquistas elevadas. Durante muito tempo não valorizamos esse patrimônio herdado, usando-o de maneira indevida, apenas para atendimento de nossos prazeres, a exemplo do filho pródigo – éramos verdadeiramente escravos do prazer da carne. Mas Jesus, co-herdeiro e irmão mais velho, veio nos ensinar que o amor deve ser cultivado e multiplicado, tal qual a gleba que necessita do esforço do lavrador para produzir o alimento. Só depois do padecimento natural pelo trabalho sincero seremos glorificados e alcançaremos paz e felicidade.

> ***18** Porque para mim tenho por certo que as aflições deste tempo presente não são para comparar com a glória que em nós há de ser revelada.*

Ainda sem uma fé forte, costumamos nos fixar nas dificuldades e nos sofrimentos que experimentamos e não somos capazes de imaginar um amanhã de bonança. Quando não fugimos do enfrentamento pelo suicídio ou nos entregando aos vícios, nos revoltamos e lamentamos a má sorte. Muitos crentes atribuem suas dores à punição divina por pecados cometidos. Mas uma fé racional não pode admitir que Deus tenha nos criado para sofrer e nem que Sua justiça seja de mero prêmio ou castigo. Ensina o espiritismo que Deus nos fez para o ápice em sabedoria e amor, portanto destinados à felicidade plena. As aflições e as angústias, as preocupações e as dores da caminhada de agora fortalecem o espírito e o preparam para as glórias futuras, que a bondade divina nos permite entrever com as alegrias passageiras da Terra, mas que são incomparáveis aos júbilos dos anjos.

> ***19** Porque a ardente expectação da criatura espera a manifestação dos filhos de Deus.*
>
> ***20** Porque a criação ficou sujeita à vaidade, não por sua vontade, mas por causa do que a sujeitou,*

As almas novas, carentes por natureza, vivem à espera de quem possa lhes suprir as necessidades físicas, emocionais e espirituais. Acostumaram-se à ociosidade ou ao orgulho e acreditam que a felicidade delas depende exatamente do que recebem de Deus e do próximo, aos quais também debitam as suas desditas. Mas são assim por causa da sua ignorância, já que trazem na intimidade a essência divina e todo o Universo aguarda que se tornem melhores. Pela lei do trabalho e do progresso, em suas mãos está a responsabilidade de aprender e trabalhar para construir os próprios destinos. Apesar disso, não estão abandonadas. Os filhos de Deus, porque já percorreram o mesmo caminho e agora estão conscientes das leis divinas, manifestam seu reconhecimento e gratidão ao Pai amparando, orientando e incentivando as criaturas que permanecem na retaguarda, nem sempre conforme as expectativas destas, mas segundo as suas reais necessidades e merecimentos, até que saibam por si mesmas fazer as escolhas certas.

21 ***Na esperança de que também a mesma criatura será libertada da servidão da corrupção, para a liberdade da glória dos filhos de Deus.***

E os filhos de Deus atuam estimulados pela fé e a esperança de que os irmãos auxiliados também possam se libertar dos enganos e igualmente entrar na glória dos céus. Quando se compreende a perfeição divina, dúvida nenhuma se tem do amor de Deus, que criou os espíritos para alcançarem uma perfeição relativa e a felicidade perene, ainda que demoradamente resistam aos chamamentos do bem. E ninguém gozará da paz eterna enquanto ouvir os gemidos daqueles que padecem e choram em qualquer canto do Universo. Por isso, os seres superiores não vivem a desfrutar de uma ociosidade beatífica, mas laboram incessantemente, nos diversos planos da vida, para que a humanidade deixe a escravidão dos instintos e alcance a sublimação dos sentimentos.

> 22 ***Porque sabemos que toda a criação geme e está juntamente com dores de parto até agora.***

A proposta de Jesus é um convite para a alma deixar as sombras dos instintos e caminhar por trilhas iluminadas que a conduzirão a Deus. Simbolicamente, é um verdadeiro parto, que expulsa do ventre escuro para a luz da vida o ser nascente. Mas a porta para a vida é estreita e passar por ela implica em gemer e chorar. Há partos difíceis e demorados, porque há almas que resistem aos apelos do Senhor. Apesar de o médico divino ter se feito presente há mais de dois mil anos, até agora a humanidade duvida da veracidade dos ensinamentos cristãos e não colhe a alegria de estar nos seus braços acolhedores. Permanece nos conflitos externos e internos, goza e sofre alternadamente, mas o progresso é inexorável e a alma cresce e amadurece, percebendo então a excelência do Amor em sua vida.

> 23 ***E não só ela, mas nós mesmos, que temos as primícias do espírito, também gememos em nós mesmos, esperando a adoção, a saber, a redenção do nosso corpo.***

Porque ainda centrados em si mesmos, nas próprias dores e angústias, muitos imaginam que são os únicos a sofrer e que a felicidade é atributo das almas boas, das quais se consideram distantes. No entanto, todos que têm a Terra como morada suportam mais ou menos, em um ou outro momento, sofrimentos por causa de enganos cometidos ou pelos sofrimentos naturais da vida num planeta ainda em evolução. Dessa forma, mesmo aqueles que já aceitam Jesus e se dedicam à sua divulgação não estão isentos de sofrer, porque a fé por si só não nos exime da responsabilidade pelos erros do passado e da necessária reparação dos prejuízos causados. A própria tarefa cristã, por si mesma, às vezes exige renúncias e sacrifícios, como nos conta a história dos vários mensageiros de Jesus ao longo do tempo, a começar pelos próprios discípulos. São lutas indispensáveis à disciplina dos instintos e à conquista da espiritualidade.

> 24 ***Porque em esperança fomos salvos. Ora, a esperança que se vê não é esperança; porque o que alguém vê como o esperará?***
>
> 25 ***Mas, se esperamos o que não vemos, com paciência o esperamos.***

A esperança é a virtude que espera com paciência e confiança o bem que está por vir. Pressupõe a fé, porquanto se espera algo que não é de agora e nem se vê, mas que se confia que virá. É ela justamente que salva a criatura das suas angústias e misérias, porque a faz entrever um futuro de felicidade. Sem esperança, o espírito abandona a vida ou se revolta contra ela. Lesa a si mesmo ou fere o próximo, porque não mais vê razão para insistir no bem e no amor. O espiritismo estende a esperança para além do sofrimento e da morte física, testemunhando que o espírito é imortal e que todas as dores um dia passarão, pois somente permanecem enquanto necessárias ao despertar da consciência para o exato cumprimento da lei, o que mais cedo ou mais tarde acontecerá. Cultivar a esperança é garantir a própria paz e serenidade diante das adversidades, e despertá-la no próximo é sublime ato de caridade.

26 ***E da mesma maneira também o espírito ajuda as nossas fraquezas; porque não sabemos o que havemos de pedir como convém, mas o mesmo espírito intercede por nós com gemidos inexprimíveis.***
27 ***E aquele que examina os corações sabe qual é a intenção do Espírito;***

Criados simples e ignorantes, caminhamos da animalidade para a angelitude, dos instintos para a intuição. Natural, portanto, que nas fases iniciais da evolução nossa atenção seja centrada nas necessidades humanas, tendo destaque tudo que é exterior e atinge mais concretamente os sentidos. Não sabendo fazer as melhores escolhas e ainda frágeis, experimentamos para o acerto ou para o erro, e por isso carecemos do amparo dos espíritos superiores, que nos conhecem as reais intenções e necessidades e intercedem junto a Deus a nosso favor. Muito lentamente nos tornamos mais independentes, após iniciarmos o processo do autoconhecimento, para identificarmos os nossos reais valores - sensações, sentimentos, qualidades - e anseios íntimos. Somente quem se analisa com profundidade consegue perceber as reais intenções do espírito, para ajudar-se e ajudar o próximo. Ensina o espiritismo que, muito mais que o fato, Deus avalia se a intenção do espírito é boa ou má, para lhe atribuir méritos e responsabilidades.

28 ***E sabemos que todas as coisas contribuem juntamente para o bem daqueles que amam a Deus, daqueles que são chamados segundo o seu propósito.***

A exata compreensão da perfeição de Deus, na Sua justiça e misericórdia, não deixa dúvida de que todas as ocorrências têm por finalidade a evolução das criaturas, o que significa conduzi-las à prática do bem e consequente estado de felicidade. O amor é a causa e o fim da ação divina, e se estende a todos, indistintamente, mesmo àqueles ainda incapazes de admitir Deus e louvá-Lo. Não se pode conceber na obra divina algo inútil ou que não seja bom. Também nada e ninguém pode escapar à supervisão e proteção das leis do Senhor da Vida, porque todos saímos do seu seio amoroso. Por isso, mesmo os eventos mais nefastos e dolorosos são lições educativas, despertando o espírito para os verdadeiros valores e indicando-lhe o caminho certo a seguir. De tudo o Senhor tira proveito. A ignorância enseja a caridade do ensino; a necessidade desenvolve a inteligência; a dor desperta a compaixão; a crueldade convida à disciplina e ao perdão; a guerra valoriza a paz; a calamidade leva à solidariedade. Portanto, todos somos chamados a contribuir com o propósito divino, fazendo o bem uns para com os outros.

29 *Porque os que dantes conheceu também os predestinou para serem conformes à imagem de seu Filho, a fim de que ele seja o primogênito entre muitos irmãos.*

30 *E aos que predestinou a estes também chamou; e aos que chamou a estes também justificou; e aos que justificou a estes também glorificou.*

31 *Que diremos, pois, a estas coisas? Se Deus é por nós, quem será contra nós?*

Não se pode imaginar Deus sendo por uns ou por outros, porquanto é o Pai de todos e ama a todos igualmente, pois do contrário não seria amor em perfeição. Todos estamos predestinados a ser como Jesus, o primogênito entre nós, aquele que antes que fôssemos já era purificado; a todos Deus concede a bênção de viver na Sua lei e nela se glorificar. Alguns, porém, por enquanto, não se sentem filhos d'Ele, a exemplo de adolescentes rebeldes querendo se autoafirmar e se achando todo-poderosos. Com o espiritismo, podemos fazer a pergunta no seu sentido direto: "Se estamos com Deus, quem estará contra nós?". Se cumprimos a lei de amor, justiça e caridade, agindo sem causar qualquer prejuízo a ninguém, atrairemos o bem, como efeito natural das nossas condutas. E ainda que alvos de ataques do mal, o que é típico de um mundo atrasado, contaremos com a proteção dos espíritos superiores e seremos capazes de resistir e prosseguir sempre, inspirados por uma fé robusta e ativa.

> 32 ***Aquele que nem mesmo a seu próprio Filho poupou, antes o entregou por todos nós, como nos não dará também com ele todas as coisas?***
>
> 33 ***Quem intentará acusação contra os escolhidos de Deus? É Deus quem os justifica.***
>
> 34 ***Quem é que condena? Pois é Cristo quem morreu, ou antes quem ressuscitou dentre os mortos, o qual está à direita de Deus, e também intercede por nós.***
>
> 35 ***Quem nos separará do amor de Cristo? A tribulação, ou a angústia, ou a perseguição, ou a fome, ou a nudez, ou o perigo, ou a espada?***

Os cristãos primitivos suportaram todo tipo de sofrimento por se declararem publicamente seguidores de Jesus. Eram reprovados pelos judeus e pelos romanos; foram destituídos de seus bens e expatriados; quando não só encarcerados, padeceram pelas espadas, sob as patas de animais famintos, crucificados ou nas fogueiras. Assim o fizeram por um amor confiante nas promessas do Cristo, que lhes garantiu a felicidade no Reino de Deus. De forma alguma se preocupavam com a reprovação ou condenação dos homens, porque sabiam que Deus lhes daria as mesmas coisas dos céus que deu a Jesus. Se houve sofrimento e renúncia, também houve ressurreição e a glória de estar com o Mestre. Tiveram seus corpos constrangidos, mas não suas almas, que livres e conscientemente se voltaram para a lei divina. O espiritismo adotou a mesma moral de Jesus e o tem como modelo e guia, porque de fato seus ensinamentos representam a essência das leis divinas. O espírita consciente nunca renegará Jesus, dele não se separará em hipótese nenhuma, sejam quais forem as tribulações e as adversidades, ainda que escarnecido e humilhado, porque tem certeza de que ele é o caminho para a verdadeira vida e a felicidade.

> ***36** Como está escrito: Por amor de ti somos entregues à morte todo o dia; somos reputados como ovelhas para o matadouro.*

Se no tempo de Paulo ser cristão era um risco, por causa das perseguições, hoje podemos vivenciar a nossa opção religiosa sob a proteção legal, pelo menos nos países democráticos. Mas as palavras do apóstolo ainda têm justo significado para todos nós. O Evangelho é instrumento de renovação do espírito e isso implica na morte de velhos hábitos, no abandono do egoísmo e do orgulho, que se contrapõem à proposta de um ser mais justo, gentil, tolerante e bondoso para com todos. Impregnados do magnetismo do Cristo, entregamo-nos todo o dia a um combate ferrenho, que se trava no íntimo d'alma, entre pensamentos maliciosos e nobres, entre fazer o certo e o que ainda nos dá prazer. Muitas vezes nos sentimos como entristecidas ovelhas levadas ao matadouro, mas logo nos recordamos que o Senhor segue à frente nos preparando o devido lugar, e então novamente nos alegramos.

> **37** ***Mas em todas estas coisas somos mais do que vencedores, por aquele que nos amou.***
>
> **38** ***Porque estou certo de que, nem a morte, nem a vida, nem os anjos, nem os principados, nem as potestades, nem o presente, nem o porvir,***
>
> **39** ***Nem a altura, nem a profundidade, nem alguma outra criatura nos poderá separar do amor de Deus, que está em Cristo Jesus nosso Senhor.***

Longa é a jornada do espírito desde o parto divino. Milhões de anos de experiências nos diversos reinos da natureza são necessários até o despertar da consciência humana, que, no entanto, é apenas o início de outra etapa que seguirá do instinto à intuição, perdendo-se num tempo sem referências e que podemos considerar infinito. Mas aceitar Jesus é um verdadeiro divisor de águas da nossa trajetória espiritual. Quando nos encontramos com Jesus, a exemplo do próprio Paulo, já não seremos mais os mesmos. As coisas da Terra passam a ter relativo valor, consideradas apenas instrumentos para a conquista dos sentimentos mais nobres e da sabedoria. Desenvolvemos uma fé robusta e racional, que torna inquebrantáveis os nossos elos com Deus; Seu amor permeia constantemente a nossa vida e nos impulsiona adiante com segurança, e então temos a certeza da vitória.

ROMANOS 9

1 Em Cristo digo a verdade, não minto (dando-me teste-
munho a minha consciência no Espírito Santo):
2 Que tenho grande tristeza e contínua dor no meu coração.
3 Porque eu mesmo poderia desejar ser anátema de Cris-
to, por amor de meus irmãos, que são meus parentes segundo
a carne;
4 Que são israelitas, dos quais é a adoção de filhos, e a
glória, e as alianças, e a lei, e o culto, e as promessas;
5 Dos quais são os pais, e dos quais é Cristo segundo a
carne, o qual é sobre todos, Deus bendito eternamente. Amém.
6 Não que a palavra de Deus haja faltado, porque nem
todos os que são de Israel são israelitas;
7 Nem por serem descendência de Abraão são todos fi-
lhos; mas: Em Isaque será chamada a tua descendência.
8 Isto é, não são os filhos da carne que são filhos de Deus,
mas os filhos da promessa são contados como descendência.

9 Porque a palavra da promessa é esta: Por este tempo virei, e Sara terá um filho.
10 E não somente esta, mas também Rebeca, quando concebeu de um, de Isaque, nosso pai;
11 Porque, não tendo eles ainda nascido, nem tendo feito bem ou mal (para que o propósito de Deus, segundo a eleição, ficasse firme, não por causa das obras, mas por aquele que chama),
12 Foi-lhe dito a ela: O maior servirá o menor.
13 Como está escrito: Amei a Jacó, e odiei a Esaú.

PAULO ERA UM ESPÍRITO sincero e leal. Com a mesma intensidade e fé que dedicou ao judaísmo, igualmente se entregou a Jesus, quando percebeu que de fato era o Messias prometido. Seu coração estava triste e dolorido porque seu povo não aceitara Jesus. O povo judeu foi o escolhido para guardião dos ensinos da lei moral e desde o patriarca Abraão se estabelecera a primeira aliança com Deus, e depois pelos seus descendentes até Moisés e os profetas. Em nenhum momento os hebreus estiveram sem a presença divina para lhes conduzir o aprendizado espiritual, até que este pudesse ser levado a todos os povos. Mas a descendência – filho da carne – por si só não garantia ao judeu a condição de filho de Deus, porque para tal era necessário viver segundo a lei; e é com base nisso que Deus escolhe os povos ou os indivíduos para a missão de preparar as almas. Ao narrar a descendência sob promessa, Paulo intui que havia um plano superior a determinar o destino dos hebreus, e esse plano é o da implantação do Reino de Deus na Terra. Poderia o apóstolo, pelo amor que tinha à sua família corporal e ao seu povo, reprovar Jesus e perseguir seus discípulos, como fez no princípio nas vestes do rabino Saulo. Mas, sincero que era, apresentava ao povo a verdade que agora seguia: O Messias já havia estado entre os judeus e seus ensinamentos deram início à uma segunda aliança com Deus, de justiça e também de misericórdia.

14 Que diremos pois? que há injustiça da parte de Deus? De maneira nenhuma.

15 Pois diz a Moisés: Compadecer-me-ei de quem me compadecer, e terei misericórdia de quem eu tiver misericórdia.

16 Assim, pois, isto não depende do que quer, nem do que corre, mas de Deus, que se compadece.

17 Porque diz a Escritura a Faraó: Para isto mesmo te levantei; para em ti mostrar o meu poder, e para que o meu nome seja anunciado em toda a terra.

18 Logo, pois, compadece-se de quem quer, e endurece a quem quer.

A perfeição de Deus não concebe qualquer injustiça. Inteligência suprema, faz tudo com exatidão e para a eternidade. Sua vontade governa o Universo e Suas leis foram feitas para a harmonia geral e para a felicidade das criaturas. Sua perfeição se revela na própria obra, nas mínimas e nas mais complexas coisas, em tudo aquilo que não pode ter saído das mãos humanas. Seu governo se manifesta com a colaboração de espíritos puros, Seus ministros no cumprimento da lei, com autoridade moral e sabedoria para promover medidas que sejam boas para os filhos da Criação. Essa autoridade moral é irresistível e se impõe nos limites da lei, da mesma forma que os pais humanos educam seus filhos, endurecendo a disciplina quando preciso ou manifestando compaixão aos que merecem.

19 Dir-me-ás então: Por que se queixa ele ainda? Porquanto, quem tem resistido à sua vontade?

***20** Mas, ó homem, quem és tu, que a Deus replicas? Porventura a coisa formada dirá ao que a formou: Por que me fizeste assim?*

***21** Ou não tem o oleiro poder sobre o barro, para da mesma massa fazer um vaso para honra e outro para desonra?*

É do ser humano questionar o porquê das coisas. De onde vim? O que faço aqui? Por que sofro? Para onde vou? Mas nossa inferioridade e ignorância não tem respostas para tudo e para muitos isso é motivo de muitas queixas. O rebelde, centrado em si mesmo e orgulhoso, vive a se lamuriar, reprovar e resistir à vontade divina. Mas, pode a obra reclamar contra o oleiro que lhe dá forma? Somos todos formados do mesmo barro divino – temos a mesma origem –, mas ainda estamos sendo moldados pelas mãos do oleiro divino que é Jesus, cuja vontade e providência está longe da nossa compreensão. Cada vaso – representando uma criatura – tem propriedades e qualidades específicas e serve ao Senhor na administração da vida. Segundo a doutrina espírita, somente quando o espírito não estiver mais obscurecido pela matéria e houver, pelo seu aperfeiçoamento moral e intelectual, se aproximado de Deus, é que O verá e O compreenderá. O espiritismo tem muitas respostas, mas não todas, porque não estamos preparados para toda a verdade; e presume-se que não saberemos toda a verdade, que deve pertencer a Deus. Devemos reconhecer os nossos limites e não nos revoltarmos quando ainda não encontrarmos as respostas. Revolta e blasfêmia contra Deus indica o nosso atraso moral e impede o aproveitamento do tempo como bênção para o nosso crescimento. Devemos, então, reconhecer que o Criador, sendo justo e bom, tem as Suas razões para todos os acontecimentos e que estes têm por finalidade o desabrochar das nossas virtudes, em direção da felicidade.

22 E que direis se Deus, querendo mostrar a sua ira, e dar a conhecer o seu poder, suportou com muita paciência os vasos da ira, preparados para a perdição;

23 Para que também desse a conhecer as riquezas da sua glória nos vasos de misericórdia, que para glória já dantes preparou,

24 Os quais somos nós, a quem também chamou, não só dentre os judeus, mas também dentre os gentios?

25 Como também diz em Oseias: Chamarei meu povo ao que não era meu povo; E amada à que não era amada.

26 E sucederá que no lugar em que lhes foi dito: Vós não sois meu povo; Aí serão chamados filhos do Deus vivo.

27 Também Isaías clama acerca de Israel: Ainda que o número dos filhos de Israel seja como a areia do mar, o remanescente é que será salvo.

28 Porque ele completará a obra e abreviá-la-á em justiça; porque o Senhor fará breve a obra sobre a terra.

29 E como antes disse Isaías: Se o Senhor dos Exércitos nos não deixara descendência, Teríamos nos tornado como Sodoma, e teríamos sido feitos como Gomorra.

30 Que diremos pois? Que os gentios, que não buscavam a justiça, alcançaram a justiça? Sim, mas a justiça que é pela fé.

31 Mas Israel, que buscava a lei da justiça, não chegou à lei da justiça.

32 Por quê? Porque não foi pela fé, mas como que pelas obras da lei; tropeçaram na pedra de tropeço;

33 Como está escrito: Eis que eu ponho em Sião uma pedra de tropeço, e uma rocha de escândalo; E todo aquele que crer nela não será confundido.

Deus nos conhece desde o princípio e aguarda o nosso esforço para o retorno à Sua intimidade. Ele próprio estabeleceu processos evolutivos que incluem necessidades e trabalho, lutas e sofrimentos, rebeldia e pacificação, ignorância e inteligência. Por isso, a nossa ira não o afeta de qualquer maneira, assim como louvores e petitórios não derrogam as Suas leis. Tudo que acontece está dentro de Suas inexoráveis leis. As adversidades e catástrofes que nos alcançam são apenas eventos permitidos para a nossa redenção. E nenhuma criatura é especial e nenhum povo é o escolhido para a glória, porque todos são filhos da criação e destinados igualmente à vitória. Paulo compreendeu que se Moisés tinha a palavra para os judeus, Jesus trazia a mensagem universal e o seu Evangelho deveria ser levado a todos os povos - os gentios. Os judeus, que já estavam sob a lei, imaginaram que bastava cumprir as suas regras - fazer as obras - e estariam salvos; a ignorância e o orgulho lhes foram pedras de tropeço e retardaram a sua caminhada para o Reino do Senhor. Mas todos que tiveram contato com a lei pela pregação do Evangelho, encontraram neste a oportunidade da renovação não simplesmente pelas obras exteriores, e sim na vivência do amor e do bem com fé e alegria.

ROMANOS 10

1 ***Irmãos, o bom desejo do meu coração e a oração a Deus***
por Israel é para sua salvação.

O APÓSTOLO DOS GENTIOS se preocupava com o povo de Israel, com a sua salvação. Porque, apesar de Jesus ter vindo em seu meio, não foi por ele devidamente acolhido, pelo contrário, foi perseguido, injustamente julgado e crucificado. Infelizmente, não demoraria e no ano 70 Jerusalém seria destruída e o povo judeu disperso. E se não fosse a determinação dos discípulos e a dedicação do próprio Paulo, no esforço de difundir e vivenciar os ensinamentos do Cristo, a Boa Nova não teria chegado até nós e Jesus com certeza nada representaria para a humanidade atual. Mas se o cristianismo é uma força presente, estamos longe de ver o amor comandar a vida no planeta. Por isso, devemos continuar orando de coração, mas não pela salvação apenas do nosso povo, mas de todos os povos da Terra, o que se dará quando formos capazes de vivenciar a caridade entre nós.

2 ***Porque lhes dou testemunho de que têm zelo de Deus, mas não com entendimento.***

3 ***Porquanto, não conhecendo a justiça de Deus, e procurando estabelecer a sua própria justiça, não se sujeitaram à justiça de Deus.***

O povo de Israel teve o mérito de admitir um único Deus, causa de todas as coisas. Tinha disso grande zelo e vivia religiosamente, mas o orgulho de muitos alimentou a intolerância contra os povos politeístas, que eram chamados de gentios. Aceitavam a lei divina, mas não tinham dela o exato entendimento, adaptando-a ao seu talante e conveniências. O próximo, a quem deveriam amar, eram somente os amigos e familiares. Paulo, compreendendo a universalidade dos ensinos de Jesus e os seus elevados princípios de fraternidade e de caridade, rebelou-se contra a exclusividade que se pretendia em relação a Deus, e até mesmo em relação ao cristianismo, e estendeu sua pregação a todos, daí ser conhecido como o Apóstolo dos Gentios. Habituados à lei de Moisés, que aos Dez Mandamentos agregou uma legislação humana rigorosa, era difícil para os judeus e para os cristãos iniciantes compreender a proposta de Jesus, que vinha dar novo entendimento à Lei de Deus, confirmando os princípios da justiça, mas agora revelando-a também amor incondicional para com todos.

4 ***Porque o fim da lei é Cristo para justiça de todo aquele que crê.***

As leis sociais trazem regras temporais e que retratam o conhecimento e a moralidade de cada povo. Nem sempre correspondem à justiça divina e várias vezes a contraria. A Lei de Deus é muito mais abrangente e alcança a intimidade do espírito. O ensinamento do Cristo representa para nós a Lei de Deus, porquanto o próprio Jesus disse que é "o caminho, a verdade e a vida" e que ninguém vai ao Pai senão por ele. Ele é o meio e o fim, o melhor modelo que Deus nos ofereceu para seguirmos em busca da iluminação. O objetivo da lei humana, portanto, deve ser o de se ajustar à moral do Cristo, não significando isso que a religião deve governar o Estado, como já aconteceu em muitos países e ainda desejam alguns religiosos. Mas aquele que crê em Jesus, aceita os seus mandamentos e procura colocá-los em prática em sua própria vida, sabendo que, a despeito das leis sociais, será sempre justiçado conforme a Lei de Deus.

5 ***Ora Moisés descreve a justiça que é pela lei, dizendo: O homem que fizer estas coisas viverá por elas.***

6 ***Mas a justiça que é pela fé diz assim: Não digas em teu coração: Quem subirá ao céu? (isto é, a trazer do alto a Cristo.)***

7 ***Ou: Quem descerá ao abismo? (isto é, a tornar a trazer dentre os mortos a Cristo.)***

8 ***Mas que diz? A palavra está junto de ti, na tua boca e no teu coração; esta é a palavra da fé, que pregamos,***

9 ***A saber: Se com a tua boca confessares ao Senhor Jesus, e em teu coração creres que Deus o ressuscitou dentre os mortos, serás salvo.***

10 ***Visto que com o coração se crê para a justiça, e com a boca se faz confissão para a salvação.***

Paulo reforça o sentido da fé, que deve ser uma manifestação da alma - do coração - independentemente de uma força ou imposição exterior. Os discípulos de Jesus deveriam acreditar que Jesus era de fato o Messias por refletir sobre os seus ensinamentos e seus amorosos feitos em favor dos aflitos, sem esperar que ele descesse dos céus, nem tampouco que ressurgisse dos mortos. A presença de Jesus sempre se faz nos corações daqueles que o buscam com esperança e fé nas suas promessas consoladoras, cuja veracidade se revelou ao longo das experiências dos cristãos, que ainda hoje nelas encontram o ânimo e a coragem para prosseguirem no enfrentamento das valorosas lutas terrenas. Paulo acreditou e se renovou ante a aparição de Jesus às portas de Damasco, mas Estêvão - o primeiro mártir - se fez apóstolo apenas pela fé sincera nos ditos do Mestre e na obra dos seus primeiros discípulos. Não basta fazer as obras prescritas pela lei - cumprir as regras impostas -, é preciso que os ensinamentos sejam vivos em nós, pela convicção. Quando incorporarmos a fé em Jesus, nosso coração se sentirá contente e a boca ser abrirá para confessar a nossa nova crença, preparando-nos a salvação pelo serviço no bem.

> ***11** Porque a Escritura diz: Todo aquele que nele crer não será confundido.*

Os cristãos primitivos, perseguidos por judeus ortodoxos e por romanos, reuniam-se às escondidas nas catacumbas, onde ouviam os pregadores falar sobre a Boa Nova e se alegravam e se consolavam. Nas relações pessoais, faziam-se conhecer uns aos outros traçando sutilmente o formato de um peixe, possivelmente porque os principais discípulos eram pescadores; ou então com um gesto ou objeto em forma de cruz, que mais tarde tornou-se o símbolo principal dos cristãos de variadas igrejas, recordando o martírio de Jesus entre nós. No entanto, símbolos exteriores, imagens, gestos ou vestimentas, por si sós, não identificam o verdadeiro cristão. A sua marca será sempre a caridade, a humildade, a benevolência e a indulgência para com o próximo. Praticando o bem, conforme recomendado pelo Mestre, vivendo no mundo, mas sem ser do mundo, todo cristão sincero não será confundido em meio à multidão ainda egoísta e orgulhosa.

> 12 ***Porquanto não há diferença entre judeu e grego; porque um mesmo é o Senhor de todos, rico para com todos os que o invocam.***
>
> 13 ***Porque todo aquele que invocar o nome do Senhor será salvo.***

Para convencer os discípulos à tarefa de espalhar os ensinamentos de Jesus, argumenta Paulo que não há diferença entre os povos e que o Senhor da Vida é o mesmo para todos e nos atende com a abundância do seu amor. Inferia, com intuição e a lógica de sua inteligência, que Deus é o único Criador das coisas e dos seres, sendo justo e generoso para com todos os filhos, pronto para ouvir e socorrer aqueles que O invocam. Não havia, como ainda não há, razão alguma para que nos isolemos uns dos outros a pretexto de nossas diferenças de raça, cor, religião, sexo ou quaisquer outros caracteres individuais, porque uma só é a nossa essência de natureza espiritual. Tudo conforme nos ensina o espiritismo, que o Criador é apenas um e que os espíritos foram criados iguais, simples e ignorantes, todos com as mesmas oportunidades de evolução a caminho da felicidade.

> ***14*** *Como, pois, invocarão aquele em quem não creram? e como crerão naquele de quem não ouviram? e como ouvirão, se não há quem pregue?*
>
> ***15*** *E como pregarão, se não forem enviados? como está escrito: Quão formosos os pés dos que anunciam o evangelho de paz; dos que trazem alegres novas de boas coisas.*

A dialética de Paulo é quase socrática. Argumenta numa sequência lógica, questionando para extrair conclusões e convencer. Com efeito, para se invocar o socorro divino é preciso acreditar em Deus. Mas como os gentios e os politeístas poderiam acreditar no Deus de Jesus se nunca tinham ouvido falar sobre ele e, portanto, não o conheciam? E para que eles o conhecessem seria necessário que fossem enviados emissários que lhes falassem do evangelho de paz e amor, apresentando-lhes as boas novas. E como são abençoados os esforços daqueles que, renunciando aos prazeres do mundo, saem a semear nos corações a mensagem divina! O espiritismo acolhe o chamado de Jesus para que a candeia não seja colocada sob o alqueire e espalha a sua mensagem consoladora, mas toma o cuidado de se apresentar àqueles que estão de coração aberto e com os ouvidos de ouvir.

> ***16*** *Mas nem todos têm obedecido ao evangelho; pois Isaías diz: Senhor, quem creu na nossa pregação?*

Isaías havia profetizado a vinda do Messias e afirmou que muitos não acreditariam na sua pregação (Isaías, 53:1). O evangelista João, recordando-se dessas palavras, anotou que, mesmo Jesus tendo feito todos os sinais, a multidão nele não acreditou (João, 12:38). Paulo repete a mesma expressão ao considerar que nem todos obedeciam ao evangelho. Assim como Jesus sabia que isso aconteceria, tanto que nos prometeu um outro consolador, já entre nós representado pelo espiritismo, o mensageiro da Boa Nova deve estar ciente de que nem toda criatura é solo fértil capaz de acolher a semente de luz que vem do Evangelho. Muitas dormem sob as pedras do primarismo e outras estão sufocadas pelos espinhos dos interesses levianos; e mesmo as mais despertas só produzirão frutos conforme as suas virtudes, a trinta, sessenta ou cem por um. Que o seareiro, portanto, não se angustie e entregue ao Senhor os resultados de seu trabalho.

17 De sorte que a fé é pelo ouvir, e o ouvir pela palavra de Deus.

Como poderemos aprender e crer numa verdade espiritual se não nos dispusermos a ouvir aqueles que foram enviados para sobre ela falar? O aprimoramento da inteligência nos permite refletir sobre os acontecimentos e suas consequências, para disso tirarmos conclusões morais. No entanto, se formos considerar apenas o nosso esforço tardaremos no conhecimento, por isso que o Senhor nos enviou, e envia periodicamente, irmãos mais adiantados que nos ensinam o que já foi possível aprender sobre as leis divinas. E o conhecimento posto em prática é que fixará a lição e fortalecerá a nossa fé. Daí que não devemos nos fazer de surdos quando Deus nos permite o contato com aqueles que nos trazem Suas palavras, não só as faladas, mas todas que expressam o Seu pensamento, que pode ser através de um livro, de uma encenação ou de um filme.

18 Mas digo: Porventura não ouviram? Sim, por certo, pois por toda a terra saiu a voz deles, E as suas palavras até aos confins do mundo.

19 Mas digo: Porventura Israel não o soube? Primeiramente diz Moisés: Eu vos porei em ciúmes com aqueles que não são povo, com gente insensata vos provocarei à ira.

20 E Isaías ousadamente diz: Fui achado pelos que não me buscavam, fui manifestado aos que por mim não perguntavam.

21 Mas para Israel diz: Todo o dia estendi as minhas mãos a um povo rebelde e contradizente.

Ninguém poderá se afirmar abandonado por Deus, porque este é o Pai perfeito em amor e justiça. Cada criatura, de uma forma ou de outra, num momento ou noutro, será convidada ao aprendizado da lei, segundo a sua capacidade de apreensão. A mensagem da lei divina não se fez presente apenas aos judeus, mas outros missionários estiveram entre os variados povos para falar do amor, que é a essência da lei. Os judeus orgulhosos caíram no engano da própria soberba e imaginaram que a aliança divina fora estabelecida unicamente com seu povo, considerando inimigos os que pensavam de maneira diferente. Rebeldes, recusaram-se mesmo a aceitar Jesus como o Messias dantes anunciado e o crucificaram. Jesus, porém, é o imortal ministro divino encarregado de implantar na Terra o Reino de Deus e o seu Evangelho, falado e vivido pelos seus discípulos, extrapolou os muros de Jerusalém - totalmente destruída no ano 70 - e espalhou-se pelo mundo, de modo que agora ninguém mais pode alegar sua ignorância.

ROMANOS 11

1 *Digo, pois: Porventura rejeitou Deus o seu povo? De*
modo nenhum; porque também eu sou israelita, da descendên-
cia de Abraão, da tribo de Benjamim.
2 *Deus não rejeitou o seu povo, que antes conheceu. Ou*
não sabeis o que a Escritura diz de Elias, como fala a Deus con-
tra Israel, dizendo:
3 *Senhor, mataram os teus profetas, e derribaram os teus*
altares; e só eu fiquei, e buscam a minha alma?
4 *Mas que lhe diz a resposta divina? Reservei para mim*
sete mil homens, que não dobraram os joelhos a Baal.
5 *Assim, pois, também agora neste tempo ficou um re-*
manescente, segundo a eleição da graça.
6 *Mas se é por graça, já não é pelas obras; de outra ma-*
neira, a graça já não é graça. Se, porém, é pelas obras, já não é
mais graça; de outra maneira a obra já não é obra.

ENTENDE-SE, EQUIVOCADAMENTE, QUE PAULO, ao fazer distinção entre a graça e a obra, queria dizer que Deus tem preferências pessoais, fornecendo benesses independentemente do esforço de cada um. Não é assim, porém. O pensamento de Paulo é no sentido de que não basta à criatura fazer as coisas por força - por obra - da lei, mas que é preciso compreendê-la e aceitá-la no coração, vivenciando-a com espontaneidade e fé forte. São essas criaturas que se encontram sob as graças divinas e permanecem no trabalho do bem, não importando a que povo ou religião pertençam. É por isso que ele recorda a reclamação de Elias quanto a estar sozinho, porque os judeus haviam matado os profetas. A propósito da parábola do festim de bodas contada por Jesus, todos são convidados para o banquete divino, mas para isso é preciso estar com a túnica apropriada, ou seja, é preciso conquistar as virtudes que purificam a alma pelo estudo e pelo trabalho no bem. Não nos importa que muitos permaneçam distantes da lei ou só façam as coisas por medo dela, porém, façamos nós a obra do bem com consciência e alegria.

> 7 ***Pois quê? O que Israel buscava não o alcançou; mas os eleitos o alcançaram, e os outros foram endurecidos.***

Se o povo judeu era o escolhido, o orgulho da raça não lhe permitiu aproveitar as lições dos mensageiros que Jesus lhe enviou em todos os tempos, desde Moisés. Como afirmara o profeta Elias, Israel era um povo rebelde e contradizente (Romanos, 10:21). Escravizados ou subjugados, os judeus esperavam um messias salvador, mas o concebiam como um rei humano dos exércitos e das glórias. No entanto, o que buscavam não alcançaram, pois o reino de Jesus não era daqui e sua mensagem era de amor e paz, humildade e fraternidade, perdão e reconciliação, com vistas à eternidade. Se a maioria permaneceu com os corações endurecidos, sem olhos para ver o Messias ao seu lado e ouvidos para receber os seus ensinamentos, os que enxergaram e compreenderam foram escolhidos para guardar a boa nova e propagá-la ontem e hoje, assim alcançando a paz e a alegria de poder servir ao Senhor.

8 Como está escrito: Deus lhes deu espírito de profundo sono, olhos para não verem, e ouvidos para não ouvirem, até ao dia de hoje.

9 E Davi diz: Torne-se-lhes a sua mesa em laço, e em armadilha, E em tropeço, por sua retribuição;

10 Escureçam-se-lhes os olhos para não verem, E encurvem-se-lhes continuamente as costas.

11 Digo, pois: Porventura tropeçaram, para que caíssem? De modo nenhum, mas pela sua queda veio a salvação aos gentios, para os incitar à emulação.

Deus não derruba Seus filhos para que aprendam a se levantar e a andar. Seus métodos de ensino são amorosos e brandos, não exigindo de nós o que ainda não podemos realizar. As provas e as lutas são experiências de todos, mas os sofrimentos são consequências naturais para os espíritos rebeldes e que se recusam a caminhar pelas estradas retas da lei, uma escolha de cada um. Foi o orgulho que levou os judeus a não aceitarem o amor encarnado entre eles, ocasionando uma queda da qual até hoje não se levantaram, porque Jerusalém continua sendo palco de guerras. Fecharam os olhos, os ouvidos e caíram em profundo sono, olvidando a verdade. Mas a perfeita justiça tira do mal o bem. Os frutos minguados da semente divina plantada entre os judeus puderam ser disseminados entre os gentios e agora se converteram em luzes para todo o mundo. Assim também se deu com o espiritismo, que, nascido em berço francês, em meio aos luminares do pensamento do século 19, encontrou resistência entre os materialistas e religiosos, sendo por isso transplantado para o povo simplório das terras brasileiras, mas fraternal e aberto às lições do Consolador, que agora se espalham incitando os povos à emulação.

12 ***E se a sua queda é a riqueza do mundo, e a sua diminuição a riqueza dos gentios, quanto mais a sua plenitude!***
13 ***Porque convosco falo, gentios, que, enquanto for apóstolo dos gentios, exalto o meu ministério;***

Paulo assumiu para si a tarefa de levar Jesus para os gentios, povos que não tiveram acesso à sua palavra pessoalmente e que eram descrentes de Deus ou então adoravam a muitos deuses de pedra. Uma missão difícil, que só um espírito determinado poderia dar conta. Era preciso cavar alicerce em terra dura, substituir crenças. Mas os gentios igualmente sofriam como os judeus, também eram filhos de Deus e mereciam ter acesso à salvação. E se a lei e o Evangelho empobreceram entre os judeus, com os gentios se enriqueceram, para que mais fossem valorizados e pudessem alcançar, um dia, a plenitude dos corações humanos. Muitos estão na religião apenas para usufruir das suas bênçãos; outros também a divulgam, mas tibiamente, em círculo restrito e entre os receptíveis. Mas quem se enche do espírito divino, quem é grato a Jesus que lhe converteu e convidou à sua seara, tem convicção e não teme propagar a mensagem cristã. Exalta, louva o seu ministério, consciente de que se trata de uma tarefa nobre, consoladora e libertadora.

14 ***Para ver se de alguma maneira posso incitar à emulação os da minha carne e salvar alguns deles.***
15 ***Porque, se a sua rejeição é a reconciliação do mundo, qual será a sua admissão, senão a vida dentre os mortos?***

A determinação de Paulo era realmente impressionante. Não se contentou em ir ao encontro dos gentios com a mensagem do Senhor, mas combateu o bom combate tentando convencer os seus companheiros a imitá-lo, para que igualmente aceitassem os não judeus entre os seguidores do Cristo, respeitando-os nos seus costumes, não os obrigando, por exemplo, à prática da circuncisão, comum entre os judeus. Paulo, com a sua lucidez, compreendeu melhor o alcance dos propósitos divinos de uma fraternidade ampla e irrestrita, sem dominação uns sobre os outros, mas com respeito à liberdade de consciência e à maturidade espiritual de cada criatura. A fé não se impõe, mas se desenvolve naturalmente por força das experiências individuais, especialmente as mais aflitivas. O apóstolo também imaginava que, se conseguisse convencer os seus companheiros, os estaria salvando, ainda que apenas alguns deles, do preconceito que restava impregnado em suas almas.

16 ***E, se as primícias são santas, também a massa o é; se a raiz é santa, também os ramos o são.***
17 ***E se alguns dos ramos foram quebrados, e tu, sendo***

zambujeiro, foste enxertado em lugar deles, e feito participante da raiz e da seiva da oliveira,

18 Não te glories contra os ramos; e, se contra eles te glo-
riares, não és tu que sustentas a raiz, mas a raiz a ti.
19 Dirás, pois: Os ramos foram quebrados, para que eu
fosse enxertado.
20 Está bem; pela sua incredulidade foram quebrados, e tu
estás em pé pela fé. Então não te ensoberbeças, mas teme.
21 Porque, se Deus não poupou os ramos naturais, teme
que não te poupe a ti também.

Há uma tendência orgulhosa de se rejeitar tudo que foi princípio para valorizar apenas o que hoje se considera verdade, como também muitos permanecem encastelados no conhecimento de antes e não se abrem para os novos pensamentos. O aprendizado de agora é sempre fruto das experiências e conhecimentos passados, que não devem ser excluídos, mas compreendidos no contexto e na maturidade da época. Os conhecimentos científicos atuais são resultados dos erros e acertos do pensamento e da pesquisa dos muitos estudiosos de ontem; os nossos conceitos filosóficos e morais decorrem dos esforços dos pensadores da antiguidade e das experiências coletivas da humanidade. Paulo diz aos romanos que não deveriam desconsiderar a lei judaica e nem o repúdio que muitos judeus tiveram por Jesus, porque boa era a raiz da árvore na qual agora estavam enxertados. Todos os povos, assim como cada indivíduo, têm sua missão ou tarefa na Terra e ninguém deve ser desprezado, mas sim enxertados uns nos outros para que a glória seja coletiva. Não devemos, pois, nos orgulhar dos nossos conhecimentos e avanços científicos ou morais, mas reconhecermos que somos todos ramos naturais da grande árvore que é a humanidade terrena, irmãos em Jesus e crescendo para o Alto em busca do sol divino.

22 ***Considera, pois, a bondade e a severidade de Deus: para com os que caíram, severidade; mas para contigo, benignidade, se permaneceres na sua benignidade; de outra maneira também tu serás cortado.***

Moisés apresentou-nos a justiça divina e a pouca compreensão da época levou à crença em um Deus severo e muitas vezes impiedoso. Jesus, que não veio derrogar a lei, mas lhe dar cumprimento, ensinou que se o Pai é justo, igualmente é misericordioso, para em tudo manter o equilíbrio. É justo porque dá a cada um segundo as suas obras e promove a educação daqueles que se equivocam e caem nos erros que a ignorância enseja. É misericordioso porque nos concede renovadas oportunidades para o retorno ao amor, com o qual fomos dotados desde o início da nossa jornada espiritual. Assim, todos devemos estar cientes de que poderemos gozar dos frutos da bondade e da alegria se estivermos integrados no amor divino e agirmos com benignidade em relação ao próximo; contudo, se cairmos e insistirmos no erro e na revolta, estaremos sujeitos à severidade da justiça e compelidos ao reajustamento, pois sempre que nos afastamos da luz divina cortamos o fluxo da sua irradiação até nós e permanecemos nas dolorosas sombras das nossas próprias mazelas.

23 ***E também eles, se não permanecerem na incredulidade, serão enxertados; porque poderoso é Deus para os tornar a enxertar.***

24 ***Porque, se tu foste cortado do natural zambujeiro e,***

contra a natureza, enxertado na boa oliveira, quanto mais esses, que são naturais, serão enxertados na sua própria oliveira!

Enxertia (do latim, *insertare*, inserir, introduzir, enxertar) é uma técnica de melhoramento genético que consiste em implantar parte de uma planta em outra planta viva de igual ou diferente espécie, com a finalidade de propagar determinadas variedades. Esse processo permite melhorar as características da planta introduzida, ao passo que a planta receptora é responsável pelo suporte e pelo abastecimento de água e nutrientes essenciais. Paulo utilizou-se dessa prática para dizer que a planta do Evangelho de Jesus poderia ser enxertada nos corações daqueles que, embora tenham florescido em outras raças ou crenças, permanecessem abertos para o recebimento da mensagem, de modo que se tornassem uma planta nova, melhorada, produzindo assim frutos sazonados do amor divino. Mais fácil, porém, é tornar a enxertar a fé nos corações daqueles que já tiveram contato com a lei de Deus, mas dele se afastaram, porquanto já foram sensibilizados pela palavra do amor e esta, ainda que sufocada, permanece aguardando o momento próprio para brotar e crescer. De nossa parte, devemos todos aceitar a enxertia divina, para que a nossa alma ganhe vida abundante e produza para a felicidade.

25 ***Porque não quero, irmãos, que ignoreis este segredo (para que não presumais de vós mesmos): que o endurecimento veio em parte sobre Israel, até que a plenitude dos gentios haja entrado.***

26 ***E assim todo o Israel será salvo, como está escrito: De Sião virá o Libertador, E desviará de Jacó as impiedades.***

27 ***E esta será a minha aliança com eles, quando eu tirar os seus pecados.***

28 Assim que, quanto ao evangelho, são inimigos por causa de vós; mas, quanto à eleição, amados por causa dos pais.
29 Porque os dons e a vocação de Deus são sem arrependimento.

Os judeus, na sua maioria, estavam aferrados ao judaísmo e recusaram Jesus e o seu Evangelho, não acreditando que um qualquer da Galileia pudesse conseguir a libertação do povo e deste se tornar o rei. Não entenderam que a mensagem de amor e paz do Mestre era dirigida ao coração, e não aos frágeis interesses humanos. Os esforços iniciais de pregação do Evangelho foram encaminhados aos próprios judeus, terra já preparada por Moisés. Contudo, a Boa Nova era para todos e Paulo, que amava os seus, via na conversão dos gentios uma forma de convencer o seu povo da sublimidade do ensino de Jesus e libertá-lo de terríveis consequências, porquanto se desviara da missão que Deus lhe confiara. A doutrina espírita ratifica a intuição de Paulo de que Deus não se engana e de nada se arrepende, porque é perfeito e por isso imutáveis são as Suas leis. Ocorre que Deus dotou os espíritos - e os povos - do livre-arbítrio, pelo qual cada qual escolhe os seus caminhos, assumindo a responsabilidade pelas consequências. Quase sempre fazemos as escolhas erradas, para depois aprendermos a duras penas, na colheita amargosa das nossas infelizes iniciativas. O trabalho de Paulo não beneficiou os judeus, mas graças a ele o cristianismo se espalhou pelo mundo. E se Deus não erra, devemos nós, que já despertamos para as verdades espirituais, aproveitarmos os seus dons e seus convites para avançarmos à frente sem titubear e sem arrependimento.

30 Porque assim como vós também antigamente fostes desobedientes a Deus, mas agora alcançastes misericórdia pela desobediência deles,

31 Assim também estes agora foram desobedientes, para também alcançarem misericórdia pela misericórdia a vós demonstrada.

32 Porque Deus encerrou a todos debaixo da desobediência, para com todos usar de misericórdia.

A lei de Deus é o bem e o amor. Seremos felizes se a cumprirmos e infelizes se desobedientes. Mas em tudo está a Providência Divina, com Sua sabedoria e misericórdia, aproveitando cada situação para nos ensinar o verdadeiro caminho da felicidade. A rebeldia do povo judeu ensejou que o Evangelho fosse levado aos gentios politeístas, para que também tivessem conhecimento da lei e avançassem em espiritualidade. Ao mesmo tempo, considerava Paulo que a misericórdia de Deus para com os gentios - expressada no seu trabalho e de Barnabé - também atrairia a compaixão divina para os judeus, que representavam as raízes do próprio cristianismo. Ontem e hoje, quase todos continuamos desobedientes à lei, pois ainda não somos capazes de a cumprir plenamente. Carregamos nossos vícios morais e más tendências, o egoísmo e o orgulho ainda persistem, mas é certo que mesmo estando em desobediência Deus não nos deixa ao abandono, filhos que somos do Seu amor. Cabe a nós a vontade e o esforço de atingirmos a madureza espiritual e nos adequarmos à vontade divina.

33 Ó profundidade das riquezas, tanto da sabedoria, como da ciência de Deus! Quão insondáveis são os seus juízos, e quão inescrutáveis os seus caminhos!

34 Porque quem compreendeu a mente do Senhor? ou quem foi seu conselheiro?
35 Ou quem lhe deu primeiro a ele, para que lhe seja recompensado?
36 Porque dele e por ele, e para ele, são todas as coisas; glória, pois, a ele eternamente. Amém.

Quem poderia compreender a mente de Deus? Quem seria o Seu conselheiro ou quem teria primeiro dado a Ele algum benefício? Levantar questionamentos hipotéticos para depois respondê-los foi um método de ensino utilizado por Paulo em suas cartas. Partindo de um pensamento comum de que Deus é apenas um ser humano aperfeiçoado e, portanto, sujeito a influências, o apóstolo contesta afirmando, sabiamente, que tudo provém d'Ele, é por Ele e para Ele, para o qual devemos dirigir todas as glórias eternamente. Com efeito, para a doutrina espírita Deus é único, a "Inteligência suprema, causa primária de todas as coisas", portanto incriado. Esta foi a resposta que os espíritos superiores ofereceram a Kardec quando questionou: "Que é Deus?" Assim como Paulo, o codificador do espiritismo tinha bem consciência de que a essência divina é para nós impenetrável e que ainda não somos capazes de bem entender os seus mecanismos da vida, de modo que não se atreveu a aprofundar os questionamentos relativos ao Criador. Como uma criança que não consegue compreender as providências paternas em seu benefício, um espírito infantil como o nosso não faz uma ideia correta e justa da ação divina, embora seja possível sentir o amparo do Seu amor imensurável, rico de sabedoria. Com a alma alimentada, devemos ser filhos gratos, obedientes, e seguir o Pai de perto, submetendo-nos aos Seus desígnios, até que possamos melhor compreendê-Lo.

ROMANOS 12

1 ***Rogo-vos, pois, irmãos, pela compaixão de Deus, que apresenteis os vossos corpos em sacrifício vivo, santo e agradável a Deus, que é o vosso culto racional.***

MUITOS IRMÃOS ESPERAM O sacrifício de Deus em seu próprio benefício, considerando que o Senhor da vida lhes deve ser o servo fiel, pronto para atendimento de suas pretensões. Outros admitem servir a Deus, mas são interesseiros e se oferecem apenas quando vislumbram algum retorno favorável e não lhes são exigidos muitos esforços. Alguns trabalham na seara do Senhor se sentindo verdadeiros escravos, como se fossem compelidos ao serviço por medo de serem castigados pela ira divina. A rogativa do apóstolo é no sentido de que nos apresentemos a Deus com o sacrifício das nossas vaidades e dos nossos interesses pessoais – esse o sacrifício válido –, com uma entrega de coração e sublimes propósitos, e cheios de alegria pelo simples prazer de poder servir, única maneira que a nossa razão deve considerar como sendo a verdadeira forma de cultivar a nossa fé no Senhor.

> 2 ***E não sede conformados com este mundo, mas sede transformados pela renovação do vosso entendimento, para que experimenteis qual seja a boa, agradável, e perfeita vontade de Deus.***

A boa e perfeita vontade de Deus para com todos nós, Seus filhos em humanidade, é que cresçamos em espírito e alcancemos sabedoria e virtude, vivendo em paz uns com os outros e sendo felizes. Mas o nosso mundo ainda é o resultado da nossa ignorância e por isso a vida aqui é permeada de conflitos e de sofrimentos variados. O convite de Paulo é para que não nos conformemos com o nosso atual estado e, renovando o entendimento pelo conhecimento da verdade, operemos em nós a transformação conforme a vontade do Senhor. Porque somente com a melhoria da criatura será possível a renovação do mundo. A inteligência promove avanços tecnológicos, mas a paz é conquistada pela compreensão do bem e sua prática permanente, cada um fazendo ao próximo o que deseja de bom para si mesmo, como recomendado por Jesus.

> 3 ***Porque pela graça que me é dada, digo a cada um dentre vós que não pense de si mesmo além do que convém; antes, pense com moderação, conforme a medida da fé que Deus repartiu a cada um.***

O pensamento reflexivo e contínuo é uma conquista do ser

humano. É inevitável fazermos um juízo de tudo quando observamos e vivenciamos, sendo mesmo uma necessidade para o nosso desenvolvimento intelecto-moral. Saímos do pensamento primitivo e simplório e seguimos para o pensamento luminoso, sublime, virtuoso, em comunhão com Deus. Nossos pensamentos determinam as nossas ações, que geram consequências felizes ou desagradáveis. Por isso a recomendação do Apóstolo para pensarmos sempre com moderação, sobre nós ou sobre o próximo, para que sejamos justos e convenientes nos nossos julgamentos e atitudes, o que certamente se dará conforme a espiritualidade conquistada por cada um, no manancial de bênçãos que Deus reparte entre os Seus filhos.

> **4** ***Porque assim como em um corpo temos muitos membros, e nem todos os membros têm a mesma operação,***
> **5** ***Assim nós, que somos muitos, somos um só corpo em Cristo, mas individualmente somos membros uns dos outros.***

A diversidade é presente em a natureza e nos seres de qualquer espécie, revelando a grandeza do Criador e o infinito de Sua obra. Cada ser tem a sua função e utilidade para a harmonia do conjunto, como cada órgão, membro ou sistema tem o seu papel para o bom funcionamento de um corpo. O movimento cristão, em seu aspecto divino, é uma organização composta de inumeráveis servos de Jesus, que agem sob suas ordens ou inspiração, e que opera e caminha com as ações individuais de seus membros, os quais, porém, não sendo autossuficientes, dependem uns dos outros. Os mais adiantados crescem na orientação aos companheiros neófitos e aprendizes; os fortes amparam os que ainda se abalam com as asperezas das lutas; enfim, todos se ajudam reciprocamente, conforme as suas possibilidades, para que o conjunto da obra cumpra a vontade do Pai.

> 6 ***De modo que, tendo diferentes dons, segundo a graça que nos é dada, se é profecia, seja ela segundo a medida da fé;***
> 7 ***Se é ministério, seja em ministrar; se é ensinar, haja dedicação ao ensino;***
> 8 ***Ou o que exorta, use esse dom em exortar; o que reparte, faça-o com liberalidade; o que preside, com cuidado; o que exercita misericórdia, com alegria.***

Na obra do Senhor, cada qual se apresenta com os dons conquistados e todos têm sua relevância. Presidir, ensinar, profetizar, orientar, pregar e consolar são ações dos trabalhadores do Reino no socorro aos aflitos de qualquer natureza, do corpo ou da alma. A eficiência do serviço, porém, depende de como nos entregamos a ele. Por isso o alerta do apóstolo no sentido de que devemos trabalhar conforme os nossos dons, ou seja, segundo as nossas conquistas, qualidades e habilidades adquiridas. Quando nos atrevemos a um serviço para o qual não estamos devidamente preparados, mesmo que de boa vontade, é grande a possibilidade de errarmos e causarmos prejuízos e sofrimentos. Mas também é indispensável a motivação interior, para que sirvamos com dedicação, cuidado e alegria.

> 9 ***O amor seja não fingido. Aborrecei o mal e apegai-vos ao bem.***

O amor e o bem são da lei divina. O espírito segue uma trajetória evolutiva que vai da ignorância até a plena integração com o bem, quando então se torna instrumento de Deus para a humanidade. Por ora, o amor em nós é apenas um ideal, uma flor que desabrocha, um diamante sendo lapidado, um templo em construção. Em muitas criaturas, é um amor fingido, porque o espírito ainda egoísta e orgulhoso, quando se mostra gentil e bondoso, esconde os seus próprios interesses e bem-estar. É o amor egocêntrico, frágil, com medo de não ser feito feliz. É dessa forma de amar que surgem as ações destrutivas que conceituamos como sendo o mal. Aborrecer o mal significa trabalhar a nossa sombra interior (conflitos, traumas, medos, vícios), caminhando lentamente na direção da luz; implica em substituir os maus hábitos pelas atitudes cada vez mais nobres e virtuosas, representativas do bem verdadeiro e feliz.

10 ***Amai-vos cordialmente uns aos outros com amor fraternal, preferindo-vos em honra uns aos outros.***

O amor é multifacetado e se expressa de variadas maneiras e intensidade, conforme as aquisições do espírito. Não é um sentimento em si mesmo, mas o conjunto das virtudes, mais ou menos como as pétalas que identificam a flor. Dentre muitas, são roupagens do amor o respeito, a obediência, a resignação, a amizade, a pater-maternidade, a fraternidade, o companheirismo, o carinho, a afabilidade... Ensinava o apóstolo dos gentios que os cristãos devem se amar fraternalmente, como irmãos. Certamente não apenas porque seguem os ensinamentos de Jesus, mas porque todos somos filhos de Deus, independentemente das nossas crenças. Mas Paulo vai além e conclama que tenhamos pelo próximo maior consideração, mais honra e respeito, porque o desinteresse pessoal e a vivência da caridade são a mais pura e verdadeira manifestação do amor.

11 ***Não sejais vagarosos no cuidado; sede fervorosos no espírito, servindo ao Senhor;***

A indiferença é a mãe de muitos sofrimentos. Há indivíduos tão centrados em si mesmos que não percebem que ao seu lado muitos irmãos passam por sofrimentos atrozes. Outros já conseguem ver, mas ainda não se motivam a socorrer, considerando que os sofredores estão nessa condição porque não se esforçam, porque merecem; ou também porque têm medo de se contaminar no contato com os miseráveis sociais. Alguns alegam que nada podem fazer, porque também são necessitados. Dentre aqueles que ajudam o próximo, encontram-se os que o fazem apenas quando tudo é favorável, quando sobra tempo ou um pouco de recursos. Quando nos deparamos com a dor alheia, é preciso agir com rapidez, porque para quem sofre o tempo passa lentamente e a desdita parece interminável; se somos vagarosos ou tardios, nossa iniciativa pode não ser mais útil e perdemos a oportunidade de servir. Por isso, o servo do Senhor deve ser fervoroso, entusiasmado, e estar sempre pronto para logo amparar, confortar e consolar os aflitos.

12 ***Alegrai-vos na esperança, sede pacientes na tribulação, perseverai na oração;***

Os tempos modernos estão repletos de gurus da autoajuda, trazendo fórmulas que podem nos ajudar a ser melhores, mas, convenhamos que nada mais fazem do que repetir ou atualizar lições e práticas de longa data. O Evangelho de Jesus é, com certeza, o mais completo e eficaz manual de conduta para a nossa real felicidade. Paulo, que bem compreendeu os ensinamentos do Cristo, aconselha que devemos nos alegrar na esperança, porque quem tem fé no futuro espera sempre o passar das turbulências e o chegar da calmaria; diz que, na aflição, é preciso empregar a paciência, suportando a prova e vencendo-a com a resignação, na certeza de que a experiência ilumina a alma; e o apóstolo ainda sugere que sejamos perseverantes na oração, porque orar significa conservar o pensamento em faixas nobres do pensamento e assim estabelecer permanente contato com os céus, de onde provêm todas as bênçãos de que necessitamos para ser feliz.

13 Comunicai com os santos nas suas necessidades, segui a hospitalidade;

Após instar à constante oração, o apóstolo aqui recomenda que os romanos cooperem com os servidores da obra do bem – os primeiros cristãos, especialmente os discípulos, também eram referidos como "santos" –, nas suas necessidades, e igualmente que deveriam ser hospitaleiros quando procurados para abrigo e acolhimento. Com efeito, a divulgação da Boa Nova não é atribuição exclusiva dos missionários do Cristo e estes carecem mesmo da colaboração de muitos para a realização das suas tarefas, a exemplo do próprio Mestre e de Paulo. No entanto, nos permitimos aprofundar a reflexão, para considerar que devemos repartir as nossas necessidades e angústias da alma sempre com os santos, criaturas espiritualizadas e boas que falam e vivem em nome do Senhor, porque se formos nos aconselhar com os homens comuns, com certeza seremos mal orientados e direcionados a agir segundo a carne e os interesses escusos, conservar a ira e alimentar a vingança, entregarmo-nos à revolta e ao abandono. O espiritismo nos oferece um elevado manancial de recomendações para o bem, a partir da interpretação do Evangelho do Senhor, e a ele somando as palavras elucidativas e confortadoras de inumeráveis benfeitores desencarnados. E, já hospedando em si mesmo as instruções e as intuições para o bem, o indivíduo também se fará o abrigo seguro e acolhedor das aflições alheias, procurando oferecer aos viajantes cansados o aconchego fraternal e o repouso após as asperezas da caminhada; e também o alimento da mensagem cristã, que fortalece a alma e a prepara para prosseguir na necessária jornada para a felicidade.

> ***14 Abençoai aos que vos perseguem, abençoai, e não amaldiçoeis.***

Jesus já houvera ensinado ser necessário amar até mesmo os inimigos, porque amar os amigos é fácil e prazeroso. O cristão, então, é convidado a avançar além do lugar comum, vivendo e exemplificando o amor em sua plenitude. No mesmo diapasão, Paulo recomenda abençoar os perseguidores, ao invés de amaldiçoá-los. De forma alguma significa não ver o mal ou se deixar dominar por ele, mas sim não ter qualquer desejo de vingança e estar sempre pronto à reconciliação e ao amparo ao ofensor arrependido. Do contrário seria deixar o mal espraiar-se dominando a Terra. O espiritismo, acrescentando luzes, esclarece que o nosso ofensor é quem, assumindo injustamente o encargo de cobrador, converte-se em nosso benfeitor ao nos permitir o reajustamento da consciência com o passado ou o presente de enganos, pelas experiências dolorosas no lugar das lições amorosas que recusamos. Compreendendo e aceitando, devemos abençoar os infelizes ofensores que nos educam para o bem, e orar por eles, porque com suas condutas desequilibradas assumem graves compromissos perante a justiça divina.

15 *Alegrai-vos com os que se alegram; e chorai com os que choram;*

Os endurecidos não se compadecem dos que derramam lágrimas; os invejosos não se alegram com os felizes. Quando o amor começa a desabrochar, interagimos com o próximo de forma mais profunda, mais empática. Porque passamos por diversas vivências, já somos capazes de nos colocar no lugar do outro e avaliar a sua intimidade. A felicidade e o bem-estar experimentados pelo semelhante despertam em nós alegrias pelo simples fato de ele se sentir bem, ainda que a nossa seja uma situação difícil e aflitiva. O amor maduro sempre deseja para o outro o que gostaria para si mesmo. E como não quer para o outro o que não deseja para si, quando vê alguém em sofrimento pode avaliar a angústia do seu coração e, tendo justa compaixão, move-se com os recursos disponíveis para amenizar a aflição da criatura.

16 ***Sede unânimes entre vós; não ambicioneis coisas altas, mas acomodai-vos às humildes; não sejais sábios em vós mesmos;***

Dirigindo-se a uma coletividade, cuidou o apóstolo de recomendar o que é necessário à harmonia e ao entendimento do grupo. Ser unânime aqui não quer dizer que todos devem pensar da mesma maneira, mas sim que o espírito de unidade e de fraternidade há de preponderar se for real o propósito do bem comum. Igualmente, a humildade e a simplicidade devem viger nos corações, para que cada qual dê conta das suas dificuldades e possibilidades, colocando à disposição do todo os valores pessoais. Orgulho e vaidade destacam a individualidade e almejam se sobrepor, menosprezando o pensamento alheio, com isso dividindo e enfraquecendo o conjunto, cujo sucesso depende do entendimento e esforços de todos. Entre os cristãos primitivos ou ainda entre nós, a discórdia, a prepotência, a ambição e o melindre têm corroído os melhores ideais das instituições cristãs, da mesma maneira que os minúsculos cupins corroem as madeiras nobres.

> 17 ***A ninguém torneis mal por mal; procurai as coisas honestas, perante todos os homens.***

O verdadeiro cristão tem por meta procurar sempre agir honesta e corretamente, seguindo os ensinamentos de Jesus, que expressam as leis de Deus. Respeitar o direito do próximo e fazer a ele o que gostaria que a si mesmo fosse feito, é diretriz fundamental. O cristão bem-intencionado sabe que o bem é a força dominante e eficaz contra todo mal que se lhe apresente. Jesus revogou o olho por olho, dente por dente, afirmando que era preciso responder ao mal com o bem, que o anula e promove a conciliação e a paz. O ódio gera a vingança e a guerra; a injustiça produz a revolta e o crime; o orgulho leva à separação entre as criaturas e os povos; a violência domina acarretando o medo; o egoísmo provoca a fome e a miséria.

Para todos esses males, o bem é a vacina e o antídoto com os quais devemos estar inoculados, para a garantia da felicidade.

18 ***Se for possível, quanto estiver em vós, tende paz com todos os homens.***

A paz é indispensável para a felicidade. Paz íntima, quando a consciência está tranquila pelo dever cumprido, pela reparação de todos os erros, pela conquista plena das virtudes. E paz social, quando todos se esforçam para a convivência harmônica, respeitando-se e ajudando-se uns aos outros. É um ideal, uma busca inevitável de todos, porque o contrário disso é a discórdia, o conflito, a guerra e o consequente sofrimento. Por isso o apóstolo recomenda que façamos o possível para ter paz com todos os homens, que façamos a nossa parte compreendendo, perdoando e até mesmo renunciando a alguns interesses pessoais para que sobressaia o que interessa à coletividade. Assim fazendo, estaremos cumprindo a lei divina, estaremos em paz conosco mesmo, ainda que o próximo não esteja preparado para estender a mão ao entendimento.

19 ***Não vos vingueis a vós mesmos, amados, mas dai lugar à ira, porque está escrito: Minha é a vingança; eu recompensarei, diz o Senhor.***

O ego centralizador e orgulhoso tende sempre a se justificar e a se defender, para legitimar a sua conduta. Mesmo quando já nos dedicamos à obra de Jesus, os resquícios da sombra interior falam mais alto e, diante da crítica e da oposição, nos sentimos contrariados, injustiçados e procuramos revidar com os nossos argumentos e até com atitudes infelizes, a exemplo de Pedro, quando levantou sua espada tentando evitar a injusta prisão do Mestre. Mas todo cristão sincero deve entregar ao Cristo e a Deus a sua própria defesa, porque a divindade conhece muito bem a todos e dará a cada um o que lhe compete, não como vingança, que é incompatível com o Seu amor, mas para a educação que precisamos. Ao servidor compete abandonar a ira e guardar o silêncio, a tolerância e o perdão, na certeza de que, bem cumprindo a sua tarefa, encontrará na alegria e na paz a recompensa que o Senhor lhe oferece.

> **20** ***Portanto, se o teu inimigo tiver fome, dá-lhe de comer; se tiver sede, dá-lhe de beber; porque, fazendo isto, amontoarás brasas de fogo sobre a sua cabeça.***
>
> **21** ***Não te deixes vencer do mal, mas vence o mal com o bem.***

A mensagem de Jesus é a do amor pleno, que é incondicional e desinteressado. Diante do mal, pede que se responda com a compreensão, a tolerância e o perdão; que se estenda a mão ao inimigo e se lhe proponha a reconciliação, para que a paz permeie os relacionamentos. Avança convidando a dar de comer e de beber ao inimigo, quando estiver com fome e sede, enfim, que seja ele socorrido nas suas necessidades, se possível convertendo-o em amigo. Repete o apóstolo palavras de Jesus, quando falou da separação das criaturas no dia do encontro com o Filho do Homem... porque eu tive fome e me destes de comer; tive sede e me destes de beber... (Mateus, 25), convidando-nos à caridade constante. Vencendo o mal (de dentro e de fora) com o bem, a criatura se torna melhor, mais justa, sábia e misericordiosa, porque o bem faz bem primeiramente para quem o faz. Por isso, a cada gesto de bondade amontoa brasas de fogo sobre a cabeça, a exemplo dos santos com suas auréolas, iluminando-se e se aproximando de Deus.

ROMANOS 13

1 ***Toda a alma esteja sujeita às potestades superiores; porque não há potestade que não venha de Deus; e as potestades que há foram ordenadas por Deus.***

O ESPÍRITO EVOLUI DA ignorância para a sabedoria, do instinto para o amor pleno. Não há privilégios na Criação, todos estamos enquadrados na lei de progresso e convidados ao esforço para a subida até a plena iluminação interior. Atingindo esse patamar, o espírito se torna uma "potestade", um arcanjo de Deus com autoridade e poderes para obrar em Seu nome, colaborando na organização do Universo, na cocriação dos mundos e na condução da comunidade dos espíritos ainda inferiores. Essa a condição de Jesus, integrante da falange dos espíritos puros que administram o nosso sistema solar. Para nós são irmãos mais velhos, também sujeitos às ordenações de Deus, mas "um" com Ele, porque fazem perfeitamente a Sua vontade. Por isso, convém nos submetermos à sua orientação, porque já têm a boa experiência e são o caminho para a verdade e a vida saudável. Mas Paulo, aqui, também se refere às autoridades humanas, com poderes sobre o povo, em maior ou menor grau, esclarecendo que essas autoridades ocupam suas funções porque nelas foram investidas por Deus e, por causa disso, o povo deveria também a elas se sujeitar. Essa fala está em sintonia com Jesus, quando afirmou a Pilatos: "Nenhum poder terias contra mim, se de cima não te fosse dado" (João, 19:10).

2 ***Por isso quem resiste à potestade resiste à ordenação de Deus; e os que resistem trarão sobre si mesmos a condenação.***

Os espíritos do Senhor - as potestades morais - estão presentes em todos os tempos da humanidade e são destacados no velho e no novo testamento: o anjo Gabriel apresenta-se a Maria e o próprio Jesus revelou-se ao apóstolo. Tanto a primeira como o segundo, não resistiram à ordenação divina e graças a essa espontânea sujeição cumpriram as suas missões e alcançaram a glória celestial. As potestades humanas devem agir sempre para o bem do povo, mas nem sempre o fazem, por causa do orgulho e da ambição. Quando resistimos à influência das autoridades morais, não acreditando, não aceitando ou nos acomodando, perdemos os benefícios decorrentes da tarefa a que vieram nos convidar, sempre para o nosso engrandecimento. E quando confrontamos os poderes instituídos na Terra, levantando espadas e armando revoltas, geramos a desordem e causamos a morte, mal que recairá sobre nós como uma condenação, porque a lei divina é a do bem, que nos convida à resistência sempre pacífica. Jesus, falando a verdade às autoridades humanas, convidando-as a refletirem sobre as suas responsabilidades e o exato cumprimento da lei, sempre o fez amorosamente.

> **3** ***Porque os magistrados não são terror para as bous obras, mas para as más. Queres tu, pois, não temer a potestade? Faze o bem, e terás louvor dela.***
>
> **4** ***Porque ela é ministro de Deus para teu bem. Mas, se fizeres o mal, teme, pois não traz debalde a espada; porque é ministro de Deus, e vingador para castigar o que faz o mal.***

Os bons não devem temer a lei, a polícia e os juízes, porque andando pelo caminho do bem, sendo honestos e cumpridores dos seus compromissos não serão levados à justiça. Somente os infratores é que se angustiam e receiam ser descobertos, julgados e condenados ao cárcere. As autoridades existem para fazer cumprir a lei e a ordem e, em regra, procuram agir com probidade e honradez, de tal forma que se tornam instrumentos de Deus entre nós. E mesmo aqueles que abusam no exercício das suas funções acabam se convertendo em infelizes agentes de expiação de almas infratoras, desta ou de outras vidas, porque Deus sempre se vale do mal para convertê-lo num bem – o escândalo necessário. Paulo se expressava de acordo com o entendimento da época, por isso emprega aqui, como em outros versículos, as expressões vingador e castigo. Mas, conforme a essência do ensinamento de Jesus, Deus é amor e tudo que provê ou permite tem por fim o nosso bem e felicidade, ainda que de pronto nos pareça um mal. E as potestades espirituais sempre avaliam os nossos atos e nossas possibilidades de forma amorosa e justa, para decidirem o que nos é conveniente. O sofrimento é a consequência da nossa rebeldia, das nossas ações imprudentes e negligentes, uma aplicação da lei geral de causa e efeito. Seu propósito é educativo: mostrar o engano e nos ensinar o caminho certo para a felicidade. Quando aprendemos a fazer o bem, sintonizamos com os espíritos bons e somos por eles inspirados e amparados.

5 ***Portanto é necessário que lhe estejais sujeitos, não somente pelo castigo, mas também pela consciência.***

A lei de Deus é perfeita, inderrogável e ninguém pode a ela se furtar. Trazendo consigo o sentimento íntimo da existência de Deus, o Criador de todos os seres e coisas, somente aos poucos a criatura conseguirá compreendê-Lo. Deus já foi a natureza, já esteve representado por vários deuses e ainda é considerado meio humano – porque não fazemos a mínima ideia de sua essência. Nossa relação com a divindade sempre foi a da submissão pelo medo, daí a prática do louvor e da oferenda para agradecer as bênçãos ou aplacar a ira. O espiritismo, apresentando-nos Deus como sendo a inteligência suprema, ensina que Ele é a perfeição em justiça, sabedoria e misericórdia, razão pela qual devemos nos submeter às Suas ordenações não apenas porque tememos ser castigados, mas sim porque sabemos que isso é bom e nos aproxima do Pai. Mesmo quando obedientes às leis da sociedade, devemos ter a compreensão de que servem à ordem e à paz de todos, de que são necessárias ao bem e ao progresso coletivo, de modo que nossa sujeição deve ser consciente e voluntária, e não por medo da pena pela infração.

6 ***Por esta razão também pagais tributos, porque são ministros de Deus, atendendo sempre a isto mesmo.***

Paulo insiste na nossa submissão às autoridades - que devemos entender também em relação às espirituais -, porque toda autoridade humana é investida de poder sobre a sociedade não por acaso, mas por permissão de Deus. Esses "ministros da Terra", de alguma forma, estão atendendo a finalidade educativa determinada pelo Criador, nessa condição permanecendo enquanto forem necessários. Cuidam das coisas materiais, da vida em sociedade e os tributos são os recursos de que precisam para a administração, recomendando Paulo que fossem pagos pelo povo, a exemplo de Jesus, que mandou "dar a César o que é de Cesar". O ensinamento era muito pertinente no contexto da época, porque os judeus se revoltavam contra a obrigação de pagar impostos a Roma, mas também vale para nós na atualidade, que continuamos não gostando de pagar tributos ao Estado e muitos sonegam de fato. Portanto, o cristão tem o dever de cumprir as leis humanas e respeitar as autoridades constituídas, ainda que se lhe pareçam injustas, na confiança de que acima delas impera a vontade do Senhor para o nosso engrandecimento. De outro lado, é chamado a pagar o tributo do amor e da caridade ao próximo, em gratidão a todos os benefícios que Deus oferece a mancheias.

7 ***Portanto, dai a cada um o que deveis: a quem tributo, tributo; a quem imposto, imposto; a quem temor, temor; a quem honra, honra.***

Há pessoas que despertam em nós admiração, alegria e bem-estar e a elas respondemos com carinho, afeto, atenção, amizade e honra. Outras nos são indiferentes, fora do nosso círculo de convivência, não nos afetam diretamente e o que fazemos também não interessam a elas. Algumas são violentas ou autoritárias e ficamos com medo de suas ações ou reações, e a elas nos submetemos para garantir a integridade pessoal ou de familiares. O seguidor de Jesus é convidado a sempre agir de forma consciente, nunca reagindo impulsiva e agressivamente, para não gerar maior sofrimento para si ou para outrem. Pelo contrário, ampliando sua compreensão sobre a verdade e sobre a natureza pessoal das criaturas, se esforça a dar a cada uma segundo o que lhe é próprio, justo e necessário, para que assim igualmente possa merecer o que se lhe faz jus.

> ***8** A ninguém devais coisa alguma, a não ser o amor com que vos ameis uns aos outros; porque quem ama aos outros cumpriu a lei.*
> ***9** Com efeito: Não adulterarás, não matarás, não furtarás, não darás falso testemunho, não cobiçarás; e se há algum outro mandamento, tudo nesta palavra se resume: Amarás ao teu próximo como a ti mesmo.*
> ***10** O amor não faz mal ao próximo. De sorte que o cumprimento da lei é o amor.*

Somos todos devedores uns dos outros, porque na nossa incompletude precisamos das qualidades do próximo para suprir as nossas deficiências e necessidades. Essa é uma dívida que se paga com a gratidão e o amor, uma vez que a tudo devemos dar graças e retribuir com o bem, para cumprimento da lei universal que se resume no "amar ao próximo como a si mesmo". Que ninguém, porém, deva por causa de aflições, dores e prejuízos causados ao outro, não matando, não roubando, não cobiçando e nem mentindo, não tendo, enfim, nem mesmo um pensamento maligno. Porque o mal contraria a lei e somos compelidos à reparação do prejuízo, centavo por centavo; a enxugar as lágrimas que fizermos alguém derramar, muitas vezes também sofrendo e chorando para aprender a valorizar o bem e a conservar a paz. Quem age sob as leis do amor divino nem precisa de leis humanas, porque a sua conduta é aquela que por si mesma já evita causar qualquer prejuízo ou sofrimento ao semelhante.

11 ***E isto digo, conhecendo o tempo, que já é hora de despertarmos do sono; porque a nossa salvação está agora mais perto de nós do que quando aceitamos a fé.***

Paulo tinha pressa na divulgação da Boa Nova e como poucos aproveitou o tempo para o trabalho incessante e para o próprio engrandecimento espiritual, conseguindo redimir-se na própria reencarnação e tornando-se o grande apóstolo do Senhor. Falava aos irmãos romanos, portanto, com a autoridade do servo consciente e responsável. Dizem alguns que a morte é o sono eterno da alma. Em verdade, é após a morte que o espírito, liberto da matéria, tem condições de viver a vida plenamente, entendê-la com maior lucidez, abrangendo questões que no mundo físico passam despercebidas, assim melhor refletindo sobre as condutas certas ou erradas. Estamos nós, os encarnados, mais ou menos dormindo em relação àquilo que realmente interessa à nossa felicidade. Quem experimenta a fé em Deus começa a despertar para as coisas do ser imortal e se alegra com a possibilidade de dias melhores, livre das aflições causadas pela ignorância, o egoísmo e o orgulho. No entanto, ao movimento inicial da fé é necessário somar as experiências do estudo, da reflexão e do trabalho, é preciso aproveitar as oportunidades que o tempo oferece, pois, quanto mais enriquecidos e conscientes, mais perto estaremos da salvação.

> 12 ***A noite é passada, e o dia é chegado. Rejeitemos, pois, as obras das trevas, e vistamo-nos das armas da luz.***

No imaginário humano, a noite representa as trevas, as sombras, o lado obscuro da vida, um tempo em que os fatos acontecem na surdina e às escondidas. Temos medo da noite, porque não nos permite enxergar com clareza eventuais perigos para a nossa vida; é também o momento em que todos dormem e então nos encontramos sozinhos, e isso costuma gerar angústias e tristezas. As trevas, numa abordagem psicológica, representam o lado sombrio da criatura, o mal que ainda se faz presente. Bem por isso, os espíritos inferiores e cruéis são denominados espíritos trevosos e a região em que vivem são obscuras, cavernosas. Mas toda noite passa, dando lugar à luz de um novo dia, que nos permite caminhar com mais segurança, equilíbrio, confiança e alegria. Paulo nos convida a vestirmos as armas da luz, iluminando-nos interiormente, para que as obras das trevas não mais tenham lugar em nossas almas e não sejamos atormentados pelas trevas exteriores.

> 13 ***Andemos honestamente, como de dia; não em glutonarias, nem em bebedeiras, nem em desonestidades, nem em dissoluções, nem em contendas e inveja.***

O dia é claro e tudo está à mostra, mais fácil de se ver. Os raios do sol aquecem e iluminam a vida estuante sobre o planeta. Podemos distinguir a retidão ou os obstáculos do caminho e então seguimos com mais tranquilidade e segurança. As expressões humanas são mais perceptíveis e nos é possível uma interação social mais verdadeira. Quem segue de olhar atento para as coisas espirituais se ilumina das verdades divinas e procura andar retamente. Não mais se compraz nas atitudes próprias das sombras e da ignorância; afasta-se cada vez mais das imperfeições que acorrentam a criatura à força dos instintos mais grosseiros, dos apetites reclamados pelo corpo ou pelas paixões descontroladas. Vive frugalmente, no corpo e na alma; torna-se gentil e respeitoso; pacífico e pacificador. Quando se plenifica, torna-se honesto e integrado na lei divina, fazendo o bem onde viva e com quem esteja.

14 Mas revesti-vos do Senhor Jesus Cristo, e não tenhais cuidado da carne em suas concupiscências.

O corpo material é o instrumento que o Divino Construtor ofereceu às experiências evolutivas do espírito aqui na Terra. Aprimorado o suficiente para o grau de maturidade em que nos encontramos, é empréstimo que devemos abençoar e agradecer, utilizando-o para a conquista das virtudes de forma correta. É aparelho sem vontade própria, movimentando-se sob o domínio da alma que o submete. Com necessidades específicas para a sua sobrevivência, o corpo de carne reclama da alma o seu atendimento, através da dor ou do prazer. Paulo não nos pede para desdenhar a carne, mas sim para não cuidarmos unicamente de saciar os prazeres que ela nos proporciona, porque as paixões descontroladas nos distraem dos cuidados com o espírito. E para isso recomendou nos protegermos com os ensinos e exemplos de Jesus, que nos garantem a vitória e a felicidade.

ROMANOS 14

1 *Ora, quanto ao que está enfermo na fé, recebei-o, não
em contendas sobre dúvidas.*

A FÉ É A virtude da confiança: da criatura em si mesma, no próximo e em Deus. É indispensável à realização pessoal e à felicidade, porque somente se crendo é que se pode alcançar. Onde não há fé reinam a incredulidade, a desesperança, a tristeza e também a rebeldia. Existem os fortes e aqueles que ainda se demoram no aprimoramento da fé. Os primeiros são seguros e determinados; estes vacilam e duvidam. Os que são fortes devem compreender e amparar os fracos, procurando esclarecê-los e estimulá-los com o exemplo de fortaleza ante as vicissitudes e as dores. Jamais discutir, menosprezar e humilhar. Suas crenças devem ser respeitadas, assim como merecemos ser considerados na nossa maneira de pensar e sentir a vida e Deus. Quem crê nas coisas indignas são enfermos da fé e os doentes precisam de tratamento e não de reprovação. Eles também, como nós antes, despertarão para as coisas de Deus.

2 ***Porque um crê que de tudo se pode comer, e outro, que é fraco, come legumes.***

Os judeus tinham restrições alimentares e para eles certos animais eram imundos. Isso era motivo de discussões, que Paulo procurou contornar na sua missão junto aos gentios. O apóstolo se aproveita das diferentes necessidades ou restrições alimentares para ensinar que devemos nos respeitar em todos os aspectos, porque apesar das nossas diferenças somos todos filhos de Deus. Mas sempre é melhor apreciarmos o ensino no seu sentido espiritual. Alguns acreditam que têm a liberdade e o poder de se alimentar de todos os conhecimentos e de todas as experiências, enquanto outros mais frágeis se conformam com a limitação das próprias forças e ignorância. Os primeiros parecem presunçosos e se apresentam como sábios, capazes de tudo compreender, menosprezando os outros. Quem se abalança a tudo saber por orgulho do próprio saber, normalmente acaba se intoxicando e se perturbando. A humildade nos convida ao reconhecimento das dificuldades pessoais e à aquisição metódica e paulatina do conhecimento que alimenta a mente, começando pelo básico para depois crescer para as grandes lições filosóficas. Alimentar-se inicialmente de legumes é uma boa maneira de não se intoxicar com conhecimentos indevidos ou que estão fora da nossa compreensão. Nem soberba e nem acomodação, mas o esforço contínuo, perseverante, para a aquisição do conhecimento e consequente aprimoramento moral.

3 ***O que come não despreze o que não come; e o que não come, não julgue o que come; porque Deus o recebeu por seu.***

Se nos alimentamos de um tipo de comida espiritual não devemos permitir que a soberba menospreze aquele que não partilha da mesa conosco. Cada qual se satisfaz de conhecimentos específicos às suas necessidades evolutivas e emocionais. A verdade muitas vezes se divide para atender às diferenças pessoais, a exemplo de um espelho que se parte, mas continua a refletir os raios solares. Dessa forma, todos podem se estimular a seguir na direção da plenitude, conforme o próprio paladar e saciedade. Somos todos filhos de Deus e, portanto, não devemos nos recriminar ou desprezar uns aos outros. Cada qual recebe do Pai segundo a maturidade espiritual - e Ele nos ama a todos igualmente e nos conhece a intimidade –, para que assim possamos caminhar saudáveis em busca da felicidade. Mesmo os espíritos infantis, que como crianças recusam a comida que os pais lhes oferecem, por si mesmos irão buscar o alimento divino para saciar a dor do vazio existencial.

4 ***Quem és tu, que julgas o servo alheio? Para seu próprio senhor ele está em pé ou cai. Mas estará firme, porque poderoso é Deus para o firmar.***

De fato, como julgarmos o nosso semelhante se todos somos espíritos ainda imperfeitos, servindo a vários senhores humanos? Para Deus, o verdadeiro Senhor da Vida, cada ser é um filho a quem sempre oferece todos os meios para que se mantenha firme na trajetória para a perfeição. Alguns estão caídos pelos atalhos, em razão das escolhas enganosas, outros se encontram em pé nas lutas da vida. Não obstante todos possamos cair em algum momento, é certo que todos podemos levantar a qualquer momento se tivermos a certeza de que Deus é todo-poderoso e apenas quer o nosso bem. Nossa relação com o Senhor é pessoal e cada um por si deve a Ele se apresentar com a sua intimidade, não nos sendo lícito avaliar e repreender o próximo. Com fé forte e inabalável nesse Senhor amoroso e justo, seguiremos adiante com determinação, mesmo nas maiores dores e nos piores testemunhos, na certeza de que nos está reservado o galardão da paz e da alegria perenes.

> 5 ***Um faz diferença entre dia e dia, mas outro julga iguais todos os dias. Cada um esteja inteiramente seguro em sua própria mente.***

Os diferentes graus evolutivos explicam o modo pelo qual as pessoas encaram as suas vidas e as possibilidades que lhes são concedidas. Os espíritos inferiores são mais indolentes e acomodados, vivendo exclusivamente para a satisfação dos próprios instintos, as necessidades imediatas. Os de consciência mais desperta conseguem se perceber como seres espirituais e procuram o aperfeiçoamento, sabendo que disso depende a felicidade. São mais curiosos e ativos, por si mesmos ou para o bem coletivo. Os primeiros se sentem confortáveis com a rotina diária e não se esforçam para melhorar. Para os últimos, cada dia é sempre uma diferente oportunidade para adquirir conhecimentos e valores morais. Mas o progresso pessoal não se impõe e cada qual deve viver o seu momento com segurança, tirando o proveito que cada situação lhe oferece, até que seja convidado a avançar para um novo tempo espiritual.

6 ***Aquele que faz caso do dia, para o Senhor o faz e o que não faz caso do dia para o Senhor o não faz. O que come, para o Senhor come, porque dá graças a Deus; e o que não come, para o Senhor não come, e dá graças a Deus.***

Na fala de Paulo - apropriada para o seu tempo e o povo -, agradar a Deus tem o sentido espiritual de nos ajustarmos às Suas leis, que são perfeitas, imutáveis e regem o Universo, cujo funcionamento geral não se altera pelas nossas infelizes intervenções. A nossa ignorância nos leva a ter condutas inadequadas, mas em geral o fazemos achando que estamos corretos. Na vivência cristã, por exemplo, uns e outros têm entendimentos e posturas divergentes, mas todos agem crentes que estão certos e louvam e dão graças a Deus. Cada qual retira do manancial divino o que lhe atende o paladar mental e emocional, e na sinceridade dos seus sentimentos é grato ao Senhor pelo alimento. Mas aquele que aproveita o dia para adquirir conhecimento e boas experiências está se harmonizando cada vez mais com o Senhor e se tornará um mensageiro do amor, um cocriador do Universo. Não mais se enganará quanto ao que deve fazer e tudo que então faz é para o Senhor que estará fazendo.

7 ***Porque nenhum de nós vive para si, e nenhum morre para si.***

8 ***Porque, se vivemos, para o Senhor vivemos; se morremos, para o Senhor morremos. De sorte que, ou vivamos ou morramos, somos do Senhor.***

9 ***Porque foi para isto que morreu Cristo, e ressurgiu, e tornou a viver, para ser Senhor, tanto dos mortos, como dos vivos.***

Uma das leis morais que regem a vida é a da sociedade, pela qual somos compelidos a viver em grupos para desenvolvermos nossos potenciais. Criados simples e ignorantes, ainda não somos portadores de todas as habilidades e virtudes, de modo que Deus nos ajusta entre os diferentes para que nos atendamos uns aos outros nas nossas necessidades e na iluminação interior. Estamos, pois, reencarnados para adquirir evolução e contribuirmos para o progresso da sociedade. Dessa forma, ninguém vive só para si ou morre para si, porque nos unimos solidariamente num processo de vida e de entrega, de lutas e sofrimento, mesmo quando deixamos o corpo de carne para ressurgir em espírito e prosseguirmos em outros planos, até quando for possível ser um com Jesus, que se deixou crucificar e depois ressuscitou para nos mostrar o caminho para a verdadeira vida, porque todos nos encontramos sob seu amoroso cuidado, desde o princípio, estejamos vivos (encarnados) ou mortos (desencarnados).

> ***10** Mas tu, por que julgas teu irmão? Ou tu, também, por que desprezas teu irmão? Pois todos havemos de comparecer ante o tribunal de Cristo.*

Inevitavelmente, todos deveremos comparecer perante o tribunal da nossa consciência e seremos convidados a analisar as nossas condutas e respondermos por elas. A lei de causa e efeito rege as nossas vidas e tem seus métodos pedagógicos e educativos, para que nos enquadremos na harmonia universal. Segundo o Evangelho, sempre será dado a cada um segundo as suas obras. Então, quando chegar a hora das nossas mais profundas reflexões, poderemos nos sentir em paz por termos agido corretamente, mas muito provavelmente seremos recriminados pelos injustos julgamentos que fizemos da vida do próximo ou por tê-lo desprezado, por termos sido indiferentes às suas aflições e dores. Então, assim como queremos ser tratados com benevolência e indulgência, é da mesma maneira que desde agora deveremos tratar os nossos irmãos.

11 Porque está escrito: Como eu vivo, diz o Senhor, que todo o joelho se dobrará a mim, E toda a língua confessará a Deus.

A lei divina é perfeita e, por isso, inderrogável. Existe para manter o equilíbrio universal e encaminhar as criaturas à perfeição, com amor e justiça. A ignorância e a soberba ainda presentes na humanidade fazem com que desejemos apenas a satisfação dos nossos prazeres e necessidades, a qualquer custo. Imaginamos, de forma enganada, que podemos nos furtar à ordem geral sem qualquer responsabilidade. Paulo, profundo conhecedor do Velho Testamento, recorda as palavras do profeta Ezequiel para nos alertar de que, assim como é certa a existência de Deus, igualmente é vero que todos nós a Ele nos submeteremos e nos confessaremos reconhecidos. A doutrina espírita esclarece que, por mais que um espírito se recuse a aceitar o amor que já existe na sua intimidade, o tédio, a desilusão ou o sofrimento o levarão ao arrependimento e à submissão à lei, curvando-se genuflexo e feliz.

12 De maneira que cada um de nós dará conta de si mesmo a Deus.

13 Assim, que não nos julguemos mais uns aos outros; antes seja o vosso propósito não pôr tropeço ou escândalo ao irmão.

Andamos muito preocupados com a vida alheia, vendo mais o cisco no olho do próximo do que a trave que cobre a nossa visão. Criticamos as imperfeições dos outros sem nos darmos conta de que esses são os defeitos que também carregamos e procuramos disfarçar apontando para fora. Mas nossa responsabilidade perante a lei divina, aqui ou na Espiritualidade, diz respeito somente às nossas condutas. Somos individualidades e cada qual tem um processo pessoal de evolução, razão pela qual não devemos nos comparar uns aos outros. Nossa meta é vencermos a nós mesmos, sermos hoje melhores do que ontem. Não se trata de uma maratona com um único vencedor, mas de uma grande e coletiva caminhada em busca da felicidade, na qual os viajantes devem se ajudar mutuamente, jamais opor obstáculos ao bem-estar e sucesso do irmão. Podemos dizer, em síntese, que seremos chamados a dar conta dos esforços que fizemos para melhorar e do bem ou do mal que fizemos ao semelhante.

> **14** ***Eu sei, e estou certo no Senhor Jesus, que nenhuma coisa é de si mesma imunda, a não ser para aquele que a tem por imunda; para esse é imunda.***

Todas as coisas foram criadas por Deus com uma finalidade útil. Estão à disposição do espírito para o seu aprimoramento. Compete a nós aprendermos a utilizá-las de maneira adequada. A substância venenosa pode converter-se em remédio se ajustada à quantidade e aos métodos certos. A serpente tem seu papel no controle das espécies e sua extinção acarretaria sérios danos ao equilíbrio do meio ambiente. O que para um é amargo, para outrem é de paladar agradável. Nosso orgulho e ignorância é que incentivam o desdém e o preconceito para com tudo que não é do nosso agrado. Daí a necessidade de nos respeitarmos mutuamente, aceitando que o infinito amor multiplicou a diversidade para atender aos gostos e necessidades de todas as criaturas. Há possibilidades para todos, até porque estamos constantemente variando nossos gostos e desejos em busca de novos prazeres.

> 15 ***Mas, se por causa da comida se contrista teu irmão, já não andas conforme o amor. Não destruas por causa da tua comida aquele por quem Cristo morreu.***

Pois se vivemos a discutir e brigar com o próximo em razão das nossas divergências de gosto e opinião, não estamos vivendo conforme a lei de amor, justiça e caridade. Não há justificativa qualquer para as nossas contendas, porque Deus provê a todos com tudo que precisamos para a nossa felicidade, desde que trabalhemos para a sua conquista, preservação e usufruto adequado, porque Ele mesmo não cessa de produzir para o sustento do Universo infinito. E foi para manifestar o pensamento divino que Jesus veio à Terra com seus ensinamentos e exemplos, amando e servindo a todos indistintamente. Ao discípulo do Cristo não é lícito conflitar ou disputar com os irmãos cristãos ou de quaisquer crenças, por motivos humanos ou divinos, porque somente vale para o Senhor da Vida os bons sentimentos que carregamos na intimidade da alma.

> 16 ***Não seja, pois, blasfemado o vosso bem;***

Disputam as pessoas pelas coisas terrenas e pelo poder humano, mas igualmente brigam mesmo quando se dão a fazer o que acham que é o bem ou a caridade. Vemos, por isso, religiosos enraivecidos contra os companheiros porque no serviço das instituições não aceitam ser contrariados na organização e no atendimento; ou que ridicularizam os esforços de servidores diversos só porque são adeptos de outras crenças. O trabalho no bem deve ser feito com alegria cristã, pelo simples prazer de servir e com a compreensão de que o agente é quem mais se beneficia, na qualidade de instrumento do bem que alguém merece receber. Pouco vale para nós a prática da caridade com o coração pesado ou contrariado. Com a mesma disposição e tolerância dedicada aos carentes que nos recebem o serviço, igualmente assim devemos tratar os companheiros da obra, porque em verdade, perante Deus, todos somos carentes de alguma coisa para os nossos sentimentos ainda imaturos.

17 ***Porque o reino de Deus não é comida nem bebida, mas justiça, e paz, e alegria no Espírito Santo.***

Humanizamos Deus e O imaginamos à nossa semelhança. Consideramos que bom para Deus é o que é bom para nós. Por isso, no princípio, as oferendas humanas, depois animais e depois alimentos; e ainda muitos esperam contentá-Lo com sacrifícios pessoais, velas e rezas intermináveis. Deus de nada precisa; Ele é o Senhor da Vida e a comanda por leis perfeitas, as quais devemos seguir para alcançar a felicidade. As coisas materiais são úteis só para nós e pelo tempo necessário para atingirmos a pureza espiritual. Mais relevante é vivermos na justiça, na paz e na alegria, integrando-nos na grande plêiade de espíritos superiores – para alguns o Espírito Santo –, que já fazem a vontade do Pai. Desapeguemo-nos, portanto, da comida e da bebida, dos patrimônios e do poder, que são tesouros que os ladrões roubam e as traças e a ferrugem consomem, para vivenciarmos em nós as alegrias dos céus.

18 ***Porque quem nisto serve a Cristo agradável é a Deus e aceito aos homens.***

Servir a Cristo é conhecer e viver os seus ensinamentos, que constituem a lei divina entre nós, necessária à nossa felicidade. Quando a cumprirmos plenamente, estaremos integrados na harmonia universal e desfrutaremos das alegrias dos mundos celestes. Importa, pois, fazermos todos os esforços possíveis para o aprimoramento das nossas condutas, adquirindo mais bondade e sabedoria, desapegando-nos das coisas terrenas e vivendo de maneira simples e humilde. Sendo mais afáveis e caridosos, nosso relacionamento com o próximo se torna amigável e fraternal, alegramo-nos em servir e confortar, e de tal forma que as pessoas também nos aceitam com alegria e ficam felizes em nossa companhia. Com isso, naturalmente atraímos gentileza e simpatia, nos dando conta de que somente o bem é capaz de gerar a nossa real felicidade.

19 ***Sigamos, pois, as coisas que servem para a paz e para a edificação de uns para com os outros.***

Desde o princípio a guerra permeia os relacionamentos individuais e grupais, e ainda hoje faz vítimas em todos os cantos do planeta. A violência tem sido o mecanismo de defesa e dominação. Dizimar o inimigo ou aprisioná-lo sempre foi a solução para se alcançar uma possível paz, embora apenas tenha servido para estimular o ódio e mais conflito. Jesus veio ao mundo para nos dar a sua paz, a única real, porque se estabelece no coração da criatura, mesmo que o meio em que se encontre seja de tormentas e injustiças. Só a luz pode espancar as trevas; só o amor é capaz de dissipar o ódio. Ao ensinar que o amor incondicional é lei divina e universal, o Mestre nos convida a procurar apenas as coisas que servem para a paz e a amorosa edificação de uns para com os outros, como as expressões fraternais, a palavra gentil, os atos de solidariedade, de respeito e de caridade.

> **20** ***Não destruas por causa da comida a obra de Deus. É verdade que tudo é limpo, mas mal vai para o homem que come com escândalo.***

A obra de Deus é conduzir Seus filhos à purificação, instalar o seu Reino nos nossos corações, para que com Ele possamos desfrutar da felicidade. Toda a matéria, todas as coisas são instrumentos divinos postos à disposição dos espíritos para esse fim. Mas a obra de Deus não é completa, porque quis Ele que fôssemos igualmente responsáveis pela obra, usando a vontade, o livre-arbítrio e o esforço. Alguns já estão bem conscientes disso e são fiéis colaboradores do Senhor, fazendo a Sua vontade. Outros, porém, ainda muito interessados em si mesmos, agem contrariamente à obra e causam escândalos. Paulo adverte que, embora não devamos nos alimentar de maneira inadequada, abusiva, essa questão não deve ser motivo de conflito e dissidência entre as pessoas, porque a fraternidade e o respeito entre os indivíduos têm de estar sempre acima das nossas paixões e valores pessoais. Em verdade, o apóstolo está conforme Jesus, que afirmou que não é o que entra na boca que torna o homem impuro, mas o que sai de sua boca (Mateus, 15:11).

21 ***Bom é não comer carne, nem beber vinho, nem fazer outras coisas em que teu irmão tropece, ou se escandalize, ou se enfraqueça.***

Bom é não fazer tudo aquilo que cause sofrimento para si ou para o próximo. Mas temos muita dificuldade quanto a isso, porque colocamos os instintos, o prazer e as nossas vontades acima das nossas necessidades e das dos outros. Ainda agimos pelo impulso de experimentar e ver o resultado, desprezando o que já foi constatado por outras pessoas. O conhecimento acumulado serve exatamente para aproveitarmos o que é comprovadamente bom, evitando o sofrimento. Quem não se esforça para ampliar seus conhecimentos corre o risco de tropeçar e cair. Jesus esteve aqui justamente para mostrar o caminho para a verdade e a vida. Legou-nos o código moral divino e ensinou que o seu cumprimento é a única maneira de vivermos felizes: faça ao próximo o que deseja para si mesmo; não faça ao próximo aquilo que não deseja para si. Assim seguindo, nossa fé será forte, caminharemos sem tropeçar e não seremos para ninguém motivo de escândalo.

22 ***Tens tu fé? Tem-na em ti mesmo diante de Deus. Bem-aventurado aquele que não se condena a si mesmo naquilo que aprova.***

A pergunta de Paulo deve ser respondida por todos que já nos iniciamos no longo curso de aprimoramento das virtudes. Será que realmente já temos fé e a estamos demonstrando diariamente? Fé é o pensamento de confiança que nos motiva a seguir adiante fazendo sempre as coisas boas e superando as dificuldades com serenidade e coragem. É ela que nos dá suporte nas pequenas e nas grandes aflições; nas pequenas, nos preparamos para o enfrentamento das maiores. A minha fé em algo ou em alguém importa essencialmente perante mim mesmo e Deus, ao passo que devo respeitar as crenças do meu próximo, que não são necessariamente erradas só porque são diferentes das minhas. Às vezes nossa fé e nosso esforço vão no sentido contrário ao bem e ao amor; outras vezes, a força dos hábitos infelizes nos impelem aos enganos, mesmo quando já temos o bom propósito de acertar. No entanto, quando conseguirmos fazer o certo seremos aprovados pela nossa consciência e nos tornaremos bem-aventurados perante Deus.

23 ***Mas aquele que tem dúvidas, se come está condenado, porque não come por fé; e tudo o que não é de fé é pecado.***

A dúvida se estabelece quando não sabemos o que é o melhor a pensar e a fazer. Decorre da nossa ignorância quanto à verdade dos fatos e das leis que regem a vida. Na dúvida, ou deixamos de fazer o que deve ser feito ou então arriscamos uma conduta que pode implicar em erro, prejuízo e sofrimento. Sempre necessário que tudo façamos com conhecimento de causa, por uma razão lógica e boa. Buscando as coisas de Deus, devemos estar cheios de fé e nos alimentarmos com satisfação dos conhecimentos espirituais, para manifestarmos o amor em nós e no próximo. Nossa conduta deve ser iluminada pela boa intenção do bem, amando, trabalhando, servindo e perdoando, porque o que a isso for contrário não é de Deus.

ROMANOS 15

1 ***Mas nós, que somos fortes, devemos suportar as fraquezas dos fracos, e não agradar a nós mesmos.***

APRENDEMOS COM O EVANGELHO de Jesus e com a doutrina espírita que os inteligentes devem ensinar e orientar os ignorantes; que os saudáveis devem socorrer os doentes; que os fortes devem amparar os fracos. É uma decorrência da lei do amor, que nos recomenda amar ao próximo como a nós mesmos e a Deus sobre todas as coisas. Então, amar a nós mesmos é condição para que consigamos verdadeiramente amar ao nosso semelhante. Quem não se respeita, não se valoriza, não se perdoa, não saberá perceber no outro as mesmas necessidades. No entanto, essa conquista é alcançada na medida em que, afastando-nos do egoísmo e do orgulho que nos impelem a querer agradar somente a nós mesmos, aprimoramo-nos pelo serviço em favor do próximo. É nessa convivência social solidária que todos nos burilamos e seguimos em busca da purificação.

2 ***Portanto cada um de nós agrade ao seu próximo no que é bom para edificação.***

Ainda não sabemos agradar às pessoas de forma correta. Não raro fazemos ao outro o que achamos que é bom para nós, conforme o nosso gosto e desejo; no entanto, o que é bom para nós pode não ser do agrado do outro. Às vezes, contrariamos a nós mesmos e sofremos para fazer a vontade de terceiro, pois desejamos vê-lo feliz; porém, além de não ser saudável para nós, nem sempre o que o outro deseja é realmente justo e correto. Quase sempre pensamos em agradar com coisas, quando mais importante são as atitudes que sensibilizam a alma, como a boa companhia, o afeto sincero, o respeito, a amizade. O que nos agrada hoje, poderemos perceber depois que, em verdade, era fel que apenas serviu para amargar a nossa vida. Por isso, Paulo nos recomenda que agrademos ao próximo no que é bom para a edificação, quer dizer, para uma vida correta. E nosso parâmetro está no Evangelho de Jesus, um verdadeiro código do bem proceder.

3 ***Porque também Cristo não agradou a si mesmo, mas, como está escrito: Sobre mim caíram as injúrias dos que te injuriavam.***

Recordando o salmo de Davi, Paulo afirma que Jesus também não viveu para se agradar, mas que por amor a Deus sofreu injúrias. Todos que defendem uma ideia e por ela vivem estão sujeitos ao reproche daqueles que não comungam o mesmo pensamento. E se isso foi feito ao "madeiro verde", rico da seiva divina do amor, igualmente nós não devemos esperar tranquilidade e plena compreensão. O cristão é convidado a agradar ao próximo pela prática constante da caridade e ensino da verdade espiritual, mas poderá ser alvo do sarcasmo, do desdém e do reproche por parte daqueles ainda aprisionados pelo orgulho, preconceito, comodismo e, por que não, também, medo. Os que se propõem ao bem, como ensinado por Jesus, devem se fortalecer na fé e na coragem para o enfrentamento necessário das lutas de implantação do Reino de Deus na Terra.

4 ***Porque tudo o que dantes foi escrito, para nosso ensino foi escrito, para que pela paciência e consolação das Escrituras tenhamos esperança.***

O povo judeu talvez seja o único que tenha uma narrativa religiosa escrita servindo de norte ao longo da sua história. O Velho Testamento, com os livros de Moisés e dos profetas, constituiu a lei moral e civil por mais de mil e quinhentos anos, até que Jesus veio falando da Boa Nova, a nova aliança com Deus, agora apresentada à humanidade como o amor que cobre a multidão dos nossos enganos. Não mais apenas a justiça, mas também o amor e a caridade, para que nos sintamos todos irmãos e cheios de paciência nas nossas aflições, de conforto nas dores do corpo e da alma, e de grande esperança no nosso destino à felicidade. Tudo o que foi escrito no passado, no Velho e no Novo Testamento, bem como o que agora nos oferece o espiritismo, como terceira revelação, foi para nos ensinar o caminho que nos levará ao Reino de Deus.

5 *Ora, o Deus de paciência e consolação vos conceda o mesmo sentimento uns para com os outros, segundo Cristo Jesus.*

6 *Para que concordes, a uma boca, glorifiqueis ao Deus e Pai de nosso Senhor Jesus Cristo.*

7 *Portanto recebei-vos uns aos outros, como também Cristo nos recebeu para glória de Deus.*

Esse nosso Deus de amor é abundante de bênçãos para todos os filhos, porque deseja a nossa felicidade. Criou-nos com sementes de virtudes que devemos cultivar na nossa intimidade, para que se convertam em árvores da vida a produzir frutos saborosos para nós e para todos que estão sob nossas copas verdejantes e acolhedoras. E como somos "deuses", conforme nos afirmou Jesus, assim como o Pai devemos ser cheios de paciência e consolação uns para com os outros, para que nos amparemos na jornada coletiva ao encontro d'Ele, como também o Cristo desde o princípio está conosco como o Bom Pastor a conduzir para o aprisco divino as ovelhas sob seu cuidado amoroso. E por tudo isso devemos todos ser concordes e gratos em glorificar Aquele sem o qual nada existiria e que tudo criou por amor e para a sabedoria e o contentamento dos filhos.

8 *Digo, pois, que Jesus Cristo foi ministro da circuncisão, por causa da verdade de Deus, para que confirmasse as promessas feitas aos pais;*

A circuncisão era uma prática entre os judeus e sua obrigatoriedade foi motivo de conflito entre Paulo e Tiago Menor, porque este considerou que a sobrevivência do Evangelho dependia do respeito ao judaísmo e Paulo afirmava que essa exigência não deveria ser imposta aos gentios, aos quais ele levou a Boa Nova. Jesus nasceu entre os judeus porque estes eram monoteístas, verdade universal que o Cristo reforçou e que é alicerce do ensino do Evangelho. Como parte do plano divino de implantação do Reino de Deus na Terra, a vinda do Cristo fora anunciada pelos profetas e os judeus aguardavam o Messias libertador. No entanto, não era ele mais um rei entre os judeus, com súditos e exércitos, mas vinha para reinar nos nossos corações, convidando-nos à circuncisão da alma, para alijarmos de nós os instintos grosseiros e alcançarmos saúde espiritual.

> ***9 E para que os gentios glorifiquem a Deus pela sua misericórdia, como está escrito: Portanto eu te louvarei entre os gentios, e cantarei ao teu nome.***
>
> ***10 E outra vez diz: Alegrai-vos, gentios, com o seu povo.***
>
> ***11 E outra vez: Louvai ao Senhor, todos os gentios, e celebrai-o todos os povos.***

Novamente Paulo recorda os Salmos, para reafirmar que a mensagem do Evangelho não era exclusividade dos judeus e se destinava a todos os povos, sem distinção. Ao levar a Boa Nova aos gentios, Paulo não o fazia para ser diferente dos demais discípulos. Profundo conhecedor do Velho Testamento, neste encontrava os fundamentos da sua missão, compreendendo perfeitamente que o Cristo trazia a mensagem de Deus e que todas as criaturas deveriam conhecer o Pai único e d'Ele receberem a Sua misericórdia, para se alegrarem e O louvarem. É a verdade que igualmente nos oferece a doutrina espírita, de que Deus é a causa de todas as coisas, único, todo-poderoso, justo e misericordioso, tendo nos criado para evoluir e alcançar a felicidade; ensina-nos, por isso, a sermos gratos por todas as abençoadas experiências e celebrarmos entre nós o Seu amor. Assim como o Evangelho, o espiritismo não é exclusivista, esotérico e nem pretende se tornar uma religião única e dominante, mas seus princípios são verdades divinas que um dia serão compreendidas e aceitas por todos.

> 12 ***Outra vez diz Isaías: Uma raiz em Jessé haverá, e naquele que se levantar para reger os gentios, os gentios esperarão.***

O profeta Isaías refere-se ao pai de Davi, de cujas raízes se levantaria Jesus para trazer a mensagem de paz e concórdia entre as criaturas, a fim de que um dia todos os povos pudessem conviver sob o manto do amor. Dessa forma, "num tempo em que a Terra se encher do conhecimento do Senhor", a todos levado pela palavra dos que com ele estão de pé – seus discípulo sinceros –, também os materialistas, os descrentes, os revoltados e os orgulhosos irão se voltar para Deus e n'Ele encontrarão o repouso para as suas dores e aflições da alma. As coisas do mundo são frágeis, passageiras e não nos oferecem as alegrias da verdade e nem a fortaleza interior necessária para o enfrentamento das grandes crises morais. O senhor Jesus aguarda com paciência infinita, pois conhece cada ovelha que o Pai lhe confiou, até que sua mensagem seja naturalmente aceita pelos corações de todas as criaturas.

> 13 ***Ora o Deus de esperança vos encha de todo o gozo e paz em crença, para que abundeis em esperança pela virtude do Espírito Santo.***

O amor de Deus se manifesta a nós de variadas maneiras, a cada um segundo a sua necessidade e entendimento. A todos, porém, pelo trabalho dos espíritos superiores, distribui bênçãos de esperança em dias futuros de paz e alegria, porque nos fez para a felicidade plena. Contudo, para que possamos conservar essa expectativa confiante é necessário que nossa crença no Seu amor e na Sua justiça seja virtuosa, forte e inabalável. Nenhum gozo celeste é gratuito, mas obra da vontade e do esforço daquele que já acredita que o bem é a lei que rege o Universo e a vida. Por isso, sejamos repletos de alegria e bom ânimo, multiplicando essas bênçãos como bons e fiéis semeadores, da mesma forma como Deus nos enche de esperança.

14 ***Eu próprio, meus irmãos, certo estou, a respeito de vós, que vós mesmos estais cheios de bondade, cheios de todo o conhecimento, podendo admoestar-vos uns aos outros.***

Paulo não era ignorante e nem inocente quanto à natureza humana. Conhecendo por si mesmo os vícios morais, mas também os potenciais de amor de que são portadores todos os filhos de Deus, apenas aguardando o encontro com Jesus para se manifestarem, conseguia identificar nos irmãos as sementes de bondade e de inteligência. O espiritismo confirma que todos nós, criados simples e ignorantes, trazemos virtudes que devemos desenvolver ao longo das inúmeras reencarnações, em múltiplas experiências físicas, até que a consciência, a moral e o conhecimento atinjam a plenitude. Nesse ponto, estamos habilitados ao auxílio mútuo e à advertência recíproca quanto aos nossos enganos e também ao bem que devemos fazer uns aos outros, para juntos alcançarmos o sagrado.

15 ***Mas, irmãos, em parte vos escrevi mais ousadamente, como para vos trazer outra vez isto à memória, pela graça que por Deus me foi dada;***

16 ***Que seja ministro de Jesus Cristo para os gentios, ministrando o evangelho de Deus, para que seja agradável a oferta dos gentios, santificada pelo Espírito Santo.***

Paulo diz que ousava trazer à lembrança dos irmãos de Roma ensinamentos da Lei e de Jesus, valendo-se da sua autoridade moral como servidor e ministro do Cristo para os gentios. E essa atitude do apóstolo deve ser aceita por todos nós que já estamos acordados para as coisas espirituais. Somos animados pela mensagem de Jesus, mas fácil é dela nos descuidarmos, entretidos com as necessidades e as adversidades da vida material. Ainda somos espíritos frágeis e ficamos contrariados e entristecidos até com pequenos problemas: um conflito pessoal, uma doença, uma dificuldade financeira... Importante, então, não pensarmos que estamos suficientemente instruídos e, sim, permanecermos em constante estudo e reflexões, a fim de avaliarmos se prosseguimos cumprindo as recomendações do Evangelho.

17 ***De sorte que tenho glória em Jesus Cristo nas coisas que pertencem a Deus.***

18 ***Porque não ousarei dizer coisa alguma, que Cristo por mim não tenha feito, para fazer obedientes os gentios, por palavra e por obras;***

19 ***Pelo poder dos sinais e prodígios, na virtude do Espíri-***

to de Deus; de maneira que desde Jerusalém, e arredores, até ao Ilírico, tenho pregado o evangelho de Jesus Cristo.

A autoridade de Paulo se assentava em todo o seu trabalho de divulgação do Evangelho para os gentios, mas declarava que o fazia não por si mesmo, mas pela glória de Jesus, a quem creditava suas obras e seus feitos mediúnicos, porque sempre esteve acompanhado e amparado por bondosos espíritos, cujas manifestações muitas vezes interpretou como sendo do próprio Jesus. Paulo era de uma fibra inquebrantável e, com Barnabé e outros companheiros, trabalhou afanosamente para levar a Boa Nova ao gentios, enfrentando as maiores dificuldades - foi humilhado, roubado, ofendido, repudiado, agredido e preso –, contudo, soube desenvolver a humildade e dizer que o Cristo por ele operava. E, de fato, em toda proposta para o bem devemos nos apagar para que a figura sublime e pura de Jesus sobressaia, porque de nossa parte ainda não temos o mérito de fazer as coisas corretamente e segundo a vontade de Deus.

20 ***E desta maneira me esforcei por anunciar o evangelho, não onde Cristo foi nomeado, para não edificar sobre fundamento alheio;***

21 ***Antes, como está escrito: Aqueles a quem não foi anunciado, o verão, E os que não ouviram o entenderão.***

Quando Paulo foi convocado ao serviço na seara de Jesus, os discípulos já estavam a postos e duas igrejas floresciam, a de Jerusalém e a de Antioquia. Teve de vencer grandes dificuldades, adaptar-se ao pensamento de Jesus para ajustá-lo ao judaísmo, que aprendeu, vivenciou e defendeu até a sua conversão ao Cristo. Compreendeu que não tinha preparo espiritual para sobrepor-se aos discípulos, não obstante a sua inteligência. Não se permitiu com eles concorrer para o destaque e aceitou o trabalho humilde e o contato com os mais simples, o que lhe favoreceu o melhor entendimento do pensamento de Jesus. Quando pronto, intuiu que suas forças poderiam ser melhor aproveitadas para anunciar a Boa Nova aos de fora da raça, àqueles que ainda não tinham ouvido falar de Jesus e que, também filhos do amor de Deus, poderiam então ter contato com os novos ensinamentos. Esses, os pagãos, então veriam e ouviriam Jesus por seu intermédio.

> 22 ***Por isso também muitas vezes tenho sido impedido de ir ter convosco.***
>
> 23 ***Mas agora, que não tenho mais demora nestes sítios, e tendo já há muitos anos grande desejo de ir ter convosco,***
>
> 24 ***Quando partir para Espanha irei ter convosco; pois espero que de passagem vos verei, e que para lá seja encaminhado por vós, depois de ter gozado um pouco da vossa companhia.***

Nas suas viagens de pregação, Paulo e seus companheiros fundaram várias igrejas ou grupos cristãos e entre eles deixou amigos amados, com os quais gostaria muito de estar com mais constância. Mas sua missão era a expansão do Evangelho e o dever falava mais alto que o seu carinho pelos amigos. Escrever a eles foi sugestão que recebeu para que sua palavra e orientações alcançassem os corações saudosos e aflitos, surgindo então as suas famosas e iluminadas epístolas. Sua conduta é exemplo para todos, em todo o tempo, e ressalta que, às vezes, é preciso sacrificar os nossos desejos pessoais para que um dever superior se cumpra em benefício do bem coletivo; é preciso deixar nossos interesses de lado, para que a causa do Cristo prepondere nos corações.

25 *Mas agora vou a Jerusalém para ministrar aos santos.*
26 *Porque pareceu bem à Macedônia e à Acaia fazerem uma coleta para os pobres dentre os santos que estão em Jerusalém.*
27 *Isto lhes pareceu bem, como devedores que são para com eles. Porque, se os gentios foram participantes dos seus bens espirituais, devem também ministrar-lhes os temporais.*
28 *Assim que, concluído isto, e havendo-lhes consignado este fruto, de lá, passando por vós, irei à Espanha.*
29 *E bem sei que, indo ter convosco, chegarei com a plenitude da bênção do evangelho de Cristo.*

A igreja de Jerusalém foi a base do cristianismo primitivo, mas carecia de recursos para manter as muitas atividades de socorro aos "filhos do Calvário" e Paulo se dispôs a reunir contribuições das demais igrejas. Considerava que era justo, porque se de Jerusalém partia os bens espirituais para todos os cantos do mundo, pelo trabalho dos primeiros cristãos da Judeia - os "santos" -, era justo que os irmãos contribuíssem para que a obra não perecesse por falta do dinheiro necessário à vida material. A história nos mostra, contudo, que ao longo do tempo os religiosos imperfeitos - como todos somos - deram mais valor aos bens da Terra do que aos espirituais, arrecadando muito além do necessário. É um alerta para que nós, de todas as religiões, não nos desviemos da lição de humildade e simplicidade deixada pelo Cristo, que nasceu numa estrebaria, cresceu em vila sem expressão, trabalhou como carpinteiro e não tinha onde recostar a sua cabeça.

***30** E rogo-vos, irmãos, por nosso Senhor Jesus Cristo e pelo amor do Espírito, que combatais comigo nas vossas orações por mim a Deus;*

***31** Para que seja livre dos rebeldes que estão na Judeia, e que esta minha administração, que em Jerusalém faço, seja bem aceita pelos santos;*

***32** A fim de que, pela vontade de Deus, chegue a vós com alegria, e possa recrear-me convosco.*

***33** E o Deus de paz seja com todos vós. Amém.*

Paulo soube enfrentar com destemor e resistente fibra as muitas lutas na divulgação da Boa Nova, delas saindo vencedor. De nada se vangloriou, porquanto sabia que o sustento espiritual provinha da misericórdia de Jesus, para cuja glória trabalhava. Reconhecia as suas fraquezas e caminhando para o fim da carta roga aos irmãos romanos que orem com ele e por ele, para que consiga prosseguir na sua tarefa livre da perseguição dos muitos judeus que o reprovavam e o perseguiam por causa da sua conversão ao Cristo, considerada uma heresia e crime contra a lei judaica. Não era por medo que rogava, mas para que o serviço pelo Cristo não fosse interrompido. Nenhum servidor do bem deve ter a pretensão de tudo fazer sozinho, porque o próprio Jesus recorreu aos discípulos para a implantação do Reino de Deus na Terra. Todos que neste mundo nos encontramos ainda somos falíveis e incompletos, de modo que somente juntos seremos capazes de avançar espiritualmente e contribuir para uma sociedade melhor e mais pacífica.

ROMANOS 16

1 *Recomendo-vos, pois, Febe, nossa irmã, a qual serve na*
igreja que está em Cencreia,
2 *Para que a recebais no Senhor, como convém aos san-*
tos, e a ajudeis em qualquer coisa que de vós necessitar; porque
tem hospedado a muitos, como também a mim mesmo.
3 *Saudai a Priscila e a Áquila, meus cooperadores em*
Cristo Jesus,
4 *Os quais pela minha vida expuseram as suas cabeças;*
o que não só eu lhes agradeço, mas também todas as igrejas
dos gentios.
5 *Saudai também a igreja que está em sua casa. Saudai a*
Epêneto, meu amado, que é as primícias da Acáia em Cristo.
6 *Saudai a Maria, que trabalhou muito por nós.*
7 *Saudai a Andrônico e a Júnias, meus parentes e meus*
companheiros na prisão, os quais se distinguiram entre os
apóstolos e que foram antes de mim em Cristo.
8 *Saudai a Amplias, meu amado no Senhor.*

9 Saudai a Urbano, nosso cooperador em Cristo, e a Estáquis, meu amado.
10 Saudai a Apeles, aprovado em Cristo. Saudai aos da família de Aristóbulo.
11 Saudai a Herodião, meu parente. Saudai aos da família de Narciso, os que estão no Senhor.
12 Saudai a Trifena e a Trifosa, as quais trabalham no Senhor. Saudai à amada Pérside, a qual muito trabalhou no Senhor.
13 Saudai a Rufo, eleito no Senhor, e a sua mãe e minha.
14 Saudai a Asíncrito, a Flegonte, a Hermes, a Pátrobas, a Hermas, e aos irmãos que estão com eles.
15 Saudai a Filólogo e a Júlia, a Nereu e a sua irmã, e a Olimpas, e a todos os santos que com eles estão.
16 Saudai-vos uns aos outros com santo ósculo. As igrejas de Cristo vos saúdam.

PAULO, O MESMO SAULO, primeiro perseguidor dos discípulos de Jesus, tornou-se um companheiro querido entre os cristãos, que reconheceram a sua sincera conversão e total dedicação ao Evangelho. Soube Paulo ser o servo de todos e conquistou o carinho dos muitos amigos que fez nas suas peregrinações e lutas. Ele também sentia o coração pleno de alegria e gratidão pela amizade que lhe dedicavam e nesta carta nomeia vários e lhes encaminha saudações. Procura colocar em prática a recomendação de Jesus aos seus discípulos: "Um novo mandamento vos dou: que vos ameis uns aos outros; assim como eu vos amei; que dessa mesma maneira tenhais amor uns para com os outros" (João, 13:34). Eis o ensinamento que Paulo cultivou e ao qual somos convidados, para que em nossas fileiras cristãs sejamos capazes de nos amarmos uns aos outros a exemplo de Jesus, com sentimentos de fraternidade, solidariedade, respeito e alegria sincera. Porque, se não nos amamos entre nós os mais próximos, como seremos capazes de levar a sua mensagem aos que seguem mais distantes?

> **17** ***E rogo-vos, irmãos, que noteis os que promovem dissensões e escândalos contra a doutrina que aprendestes; desviai-vos deles.***
>
> **18** ***Porque os tais não servem a nosso Senhor Jesus Cristo, mas ao seu ventre; e com suaves palavras e lisonjas enganam os corações dos simples.***

Nos meios religiosos encontramos aqueles que estão nos templos com o propósito de satisfazerem os próprios interesses ou que colocam suas crenças pessoais acima do pensamento de Jesus ou do grupo a que estão associados. Querendo moldar a doutrina do Cristo à sua maneira de pensar a vida, promovem conflitos pessoais e públicos, que constrangem os companheiros e confundem os observadores. Alguns são agressivos, mas outros vestem a túnica da hipocrisia e usam o verbo melífluo para enganar os mais simples de conhecimento. Contra esses devemos nos preservar, sendo firmes na defesa da essência doutrinária, embora sempre conservando em nós a compreensão e a gentileza. No entanto, muitas vezes, o melhor mesmo é nos desviarmos daqueles irmãos renitentes e que ainda não estão preparados para servir à causa do Senhor.

> **19** ***Quanto à vossa obediência, é ela conhecida de todos. Comprazo-me, pois, em vós; e quero que sejais sábios no bem, mas simples no mal.***

A obediência à lei divina é uma atitude da inteligência que concorda com a verdade ensinada por Jesus, por ser boa e justa. Decorre da reflexão e da observação de que o cumprimento da lei promove a paz de consciência e a alegria de viver, apesar das adversidades; e que a fuga é sempre desastrosa e causadora de desarmonia e sofrimentos. Devemos, pois, ser sábios e ter por regra o Evangelho, que nos convida à prática constante do amor e do bem, até mesmo aos que se consideram nossos inimigos. Mas, ao contrário, devemos inclusive evitar que os mais simples pensamentos de maldade tomem conta da nossa mente, porque incompatíveis com a pureza necessária para o ingresso na festa de comunhão que permanece constante e abundante de bênçãos de felicidade no Reino de Deus.

> ***20** E o Deus de paz esmagará em breve Satanás debaixo dos vossos pés. A graça de nosso Senhor Jesus Cristo seja convosco. Amém.*

Satanás é apenas a personificação do mal que ainda persiste em nós, dada a nossa ignorância, maior ou menor. Disseram os espíritos superiores a Allan Kardec que a lei divina é o bem e que o mal é tudo aquilo que lhe é contrário. Necessário aprofundarmos o conhecimento da lei para que a pratiquemos corretamente. Quando ignorantes, excedemos às nossas necessidades e por causa da paixão abusamos do próximo para a satisfação dos nossos prazeres. Isso é o que chamamos de mal. O bem é fazer ao semelhante tudo aquilo que queremos para nós ou não fazermos aquilo que não desejamos para nós. Esse o roteiro para a nossa felicidade. E tudo isso ficou mais claro com os ensinamentos de Jesus e por seu exemplo comprovados. O espiritismo nos ajuda na melhor compreensão, pelo raciocínio lógico, simples e verdadeiro, tornando forte a nossa fé. Que assim seja, para todos e para sempre.

21 *Saúdam-vos Timóteo, meu cooperador, e Lúcio, Jasom e Sosípatro, meus parentes.*

22 *Eu, Tércio, que esta carta escrevi, vos saúdo no Senhor.*

23 *Saúda-vos Gaio, meu hospedeiro, e de toda a igreja. Saúda-vos Erasto, procurador da cidade, e também o irmão Quarto.*

24 *A graça de nosso Senhor Jesus Cristo seja com todos vós. Amém.*

25 *Ora, àquele que é poderoso para vos confirmar segundo o meu evangelho e a pregação de Jesus Cristo, conforme a revelação do mistério que desde tempos eternos esteve oculto,*

26 *Mas que se manifestou agora, e se notificou pelas Escrituras dos profetas, segundo o mandamento do Deus eterno, a todas as nações para obediência da fé;*

27 *Ao único Deus, sábio, seja dada glória por Jesus Cristo para todo o sempre. Amém.*

Paulo encerra a sua epístola aos romanos manifestando gratidão a Deus, pela glória de Jesus entre nós, pelo qual as verdades divinas, dantes apresentadas apenas ao judeus, agora está disponível a todas as nações, para que todos os povos possam ter conhecimento das revelações e crescer em espírito para o Deus único, Criador de todas as coisas. As criaturas estavam mais maduras e Jesus veio plantar na terra fértil dos seus corações a semente do amor, para que pudesse florescer e conduzir a nossa humanidade a um novo tempo mais promissor. A planta divina permanecerá conosco para todo o sempre, mas ainda é tenra, frágil e sujeita às intempéries e às ervas daninhas do egoísmo e do orgulho. Por isso, devemos fortalecer a nossa fé na justiça e na misericórdia de Deus, começando por também manifestarmos a Ele a nossa eterna gratidão.

VOCÊ PRECISA CONHECER:

O cristianismo nos romances de Emmanuel

Donizete Pinheiro

Estudo • 15,5x22,5 cm • 320 pp.

Donizete Pinheiro reúne as informações de Emmanuel colhidas na espiritualidade e acrescidas de suas próprias experiências narradas em seus romances históricos, permitindo uma ampla compreensão das origens do cristianismo, bem como as lutas dos cristãos primitivos que garantiram a subsistência da Boa Nova até a chegada do espiritismo.

A morte sem mistérios

Donizete Pinheiro

Estudo • 14x21 cm • 160 pp.

Donizete Pinheiro aprofunda o tema para instruir ou confortar aqueles que estejam sofrendo por causa da morte ao mesmo tempo em que nos oferece um alento, pois a cada instante vem confirmar e consolidar em nosso íntimo a certeza da sobrevivência do ser imortal que somos.

Contos modernos em tempo de paz

Donizete Pinheiro

Contos • 14x21 cm • 200 pp.

Mensagens carregadas de otimismo, alegria e estímulo, sempre recheadas de histórias e exemplos reais, que auxiliam na busca de momentos felizes em nosso dia a dia e de uma convivência equilibrada consigo mesmo e com os outros, possibilitando que consigamos um verdadeiro tempo de paz em nossas vidas.
